DAY OF THE DEAD IN MEXICO

Through the Eyes of the Soul

DÍA DE MUERTOS EN MÉXICO

A Través de los Ojos del Alma

Puebla,

Tlaxcala,

San Luis Potosí,

Hidalgo

Text and photos by / Texto y fotos por Mary J. Andrade

DEDICATORIA

Mis sinceros agradecimientos a todas y cada una de las personas que generosamente compartieron sus conocimientos y la intimidad de su hogar durante esta celebración.

A los representantes de las Secretarías de Turismo de Puebla, Tlaxcala, San Luis Potosí e Hidalgo, mi reconocimiento por el apoyo brindado para facilitar este trabajo.

A aquellos amigos que me han acompañado por los caminos de México y a los que han colaborado de muchas maneras en la publicación de este cuarto libro, muchas gracias.

A Través de los Ojos del Alma, Día de Muertos en México - Puebla, Tlaxcala, San Luis Potosí e Hidalgo, Mary J. Andrade © 2001

http://www.dayofthedead.com
http://www.diademuertos.com

Publicado por *La Oferta Review Inc.*
1376 N. Fourth St.
San José, CA 95112
(408) 436-7850
http://www.laoferta.com

Mapas: Secretaría de Turismo de Puebla, Tlaxcala, San Luis Potosí e Hidalgo.

Diseño y producción: Laser.Com
San Francisco (415) 252-3341

Impresión: Global Interprint Inc.
Santa Rosa, California

Primera Edición 2002
Biblioteca del Congreso, Número de la Tarjeta del Catálogo:
2001126197
ISBN # 0-9665876-4-2

DEDICATION

My sincere gratitude to everyone who generously shared their knowledge and welcomed me into their homes during this celebration.

To the representatives of the Department of Tourism of Puebla, Tlaxcala, San Luis Potosi and Hidalgo, my gratitude for their support in making this work possible.

To my friends who have traveled with me from one place to another in Mexico, and to the people who in many ways have collaborated to make the publication of this book possible, thank you very much.

Through the Eyes of the Soul, Day of the Dead in Mexico— Puebla, Tlaxcala, San Luis Potosi and Hidalgo, Mary J. Andrade © 2001

http://www.dayofthedead.com
http://www.diademuertos.com

Published by *La Oferta Review Inc.*
1376 N. Fourth Street
San Jose, CA 95112
(408) 436-7850
http://www.laoferta.com

Maps: Department of Tourism of Puebla, Tlaxcala, San Luis Potosi and Hidalgo.

Design and Production: Laser.Com
San Francisco (415) 252-3341

Printed by Global Interprint Inc.
Santa Rosa, California

First Edition 2002
Library of Congress Catalog Card Number:
2001126197
ISBN # 0-9665876-4-2

ÍNDICE

INDEX

Introducción

INTRODUCTION

CONCEPTOS INDÍGENAS DE LA MUERTE EN LA MÚSICA, DANZA Y CANCIÓN

El México indígena acepta la muerte como parte del ciclo de la vida, sin comienzo o final. Esta creencia permanece fundamentalmente intacta dentro de las variadas conmemoraciones del Día de los Difuntos. El evangelio cristiano añade dimensión a estas creencias, aunque no ha podido cambiarlas fundamentalmente. A través de la temporada, el animado nexo de los vivos y los muertos mantiene como testigo una influencia esencial en las expresiones culturales, en el objetivo y significado de las danzas, canciones y rituales que se practican en la actualidad.

Las localidades rurales, con una población indígena mayoritaria, continúan recordando el Día de los Difuntos con prácticas antiquísimas, no obstante la influencia cultural de los Estados Unidos en su interpretación del "Halloween". En dichas áreas, la música y la danza continúan relacionando y manteniendo, a través de las generaciones, estos conceptos durante sus actividades y celebraciones con los que se honra la memoria de los fallecidos. Al cubrirse la cara y con ello esconder su identidad, los bailarines enmascarados asumen un papel específico en estas danzas de temporada: la visita de las ánimas. El alma del fallecido es bien recibida, celebrando su regreso a la

INDIGENOUS CONCEPTS OF DEATH IN MUSIC, DANCE, AND SONG

Indigenous Mexico accepts death as part of a lifecycle without beginning or end. This belief remains fundamentally intact within the many ethnic All Souls Day commemorations. Christian evangelism adds dimension to these beliefs but has not been able to fundamentally change them. The animated connectiveness of the living and the dead remains an essential influence on cultural expressions throughout the season as witnessed in the purpose and meaning of the dances, songs, and rituals that are practiced today.

Rural Mexican towns with sizable indigenous populations continue to commemorate All Souls Day celebrations with time-honored practices, albeit it with growing cultural influence from the U.S. interpretation of Halloween. In these rural areas, music, and dance continue to relate and imprint these traditional concepts intergenerationally during the activities and festivities honoring the dead. By covering the face and identity of the living, masked dancers take on a specific role intrinsic to these dances: that of the visiting souls. The dead are welcomed again to celebrate with family and friends with celebrations that use both masked and unmasked dancers.

familia y a los amigos, con bailarines enmascarados a la vez que también sin máscaras.

Miembros de la familia, separados por la distancia y algunas veces por las fronteras, se reúnen durante esta temporada para recordar a sus muertos, para reparar y limpiar las tumbas en los cementerios, para celebrar la vida conociendo a los nuevos miembros de la familia, así como para evocar a los que han partido. Sin embargo, cuando se les pregunta sobre estas creencias a personas que han estudiado o viven en grandes ciudades, ellos no aceptan como cierto que las almas vuelven en esta ocasión, pero continúan la tradición de honrar la memoria de sus padres de acuerdo a las enseñanzas que recibieron en su niñez.

Platillos especiales, música, danzas y rituales preservan una parte importante de la celebración familiar, a pesar de

Families separated by distance, and sometimes borders, reunite during this season to remember the dead, to repair and clean the family cemetery plots, and to celebrate the renewal of life by meeting new family members and remembering the ways of the departed. When questioned, however, people who have studied or lived in big cities often say they do not believe that souls reunite with the living on this occasion but they continue the tradition to honor their parents and childhood indoctrination.

Specific foods, music, dances and rituals remain an important part of the family celebration even though local customs are slowly melting together with outside cultural influences. In most parts of Mexico, *Dia de Muertos* practices are mere shadows of what they were

que las costumbres locales están siendo culturalmente influenciadas desde el extranjero. En la mayor parte de México, Día de Muertos es simplemente una sombra de lo que era hace sólo veinte años. En áreas rurales todavía claramente bilingües, el idioma nativo permanece bajo el cuidado de una generación que envejece, en tanto que los jóvenes sólo conocen frases y palabras.

La custodia de la ejecución de la música y danzas rituales está transfiriéndose de los nativos a las academias de danzas o a los programas culturales de las escuelas. Estas interpretaciones están filtrándose, de regreso, a las colectividades indígenas de las cuales evolucionaron. El significado indígena de la música y los movimientos se están convirtiendo en expresiones de herencia cultural, en lugar de servir el propósito original de comunión con sus antepasados y la divinidad. De todas formas, es una

just twenty years ago. Rural areas of Mexico, still clearly bilingual, maintain the indigenous language largely in the custody of an aging generation whose children know mostly phrases and words. The execution of the ritual music and dance is rapidly being transferred from the townspeople to the custody of dance academies and to city or school cultural programs that unsurprisingly make academic interpretations for theatrical and entertainment purposes. These interpretations are seeping back into the very indigenous communities from which they evolved. The indigenous meaning and significance of the music and movements are becoming expressions of cultural heritage rather than serving the original purpose of communion with ancestors and the divine, but in this manner they are preserved academically

manera the afianzar académicamente esta expresión del espíritu mexicano y enseñarlo una y otra vez a las comunidades que están más interesadas en mantener la conexión con el pasado.

ANTES DE LA LLEGADA DE LOS EUROPEOS

En toda Mesoamérica, la música y la danza eran el medio más importante de expresión comunitaria y de comunicación con los dioses y las fuerzas sobrenaturales. Se formaban gremios vocacionales para aprender y perfeccionar la canción, danza y poesía que tenían orígenes en ceremonias específicas para reverenciar a los muertos. Los integrantes de estas asociaciones eran artistas reconocidos porque conservaban el significado ritualístico, el estilo del movimiento danzante, vestimenta y melodías apropiadas para cada ocasión. Ellos podían comunicarse con lo sobrenatural representando a la comunidad e interceder en favor de ella.

El culto y el arte estaban fundamentalmente entrelazados con las expresiones divinas en la formación de danzas y movimiento, música y canción. Sonajas, tambores, silbatos de concha y el sonido de los pasos de baile, crearon originalmente la música para sus primeros festejos, como un contacto intangible con las cosas sagradas. Creían que ciertos instrumentos otorgaban poder divino, tales como los amuletos y varas mágicas. Los tambores eran asociados también con lo sobrenatural por su vitalidad y carácter rítmico. El uso de sonidos repetitivos o melodías rítmicas fue la técnica musical de características prehispánicas, calculadas con el propósito de producir un efecto determinado induciendo a un tipo de hipnosis de grupo. La incesante y repetitiva armonía de las canciones y danzas rituales actuales dejan de interesar rápidamente a los visitantes. Al no estar programados para sus efectos hipnóticos, no es posible experimentar la cualidad unificadora que tienen para el público. Esta técnica existe todavía en prácticas que se van perdiendo, pero las tradiciones musicales de diversos orígenes continúan siendo asimiladas.

and taught over and over again to those communities most interested in maintaining a connection with the past.

BEFORE THE EUROPEANS

In all of precortesian Mesoamerica, music and dance was the primary medium of communal expression and communication with the gods and supernatural influences. Vocational guilds were formed to learn and perfect the song, dance and poetry that had distinguishable origins in specific ceremonies to revere the dead. Guild members were honored artists because they preserved the ritualistic significance, step modulations, costuming, and melodies appropriate for each occasion. They could commune with the supernatural on behalf of the community and intercede on their behalf as well.

Cult and art were fundamentally intertwined as divine expression in the formation of dances and movement, music, and song. Rattles, drums, conch horns, and the striking of footwork originally created the music for early celebrations. Music was the intangible contact with those things sacred. Certain instruments were believed to bestow divine power, such as amulets and power wands or scepters. Drums were also associated with the supernatural because of their vitality and rhythmic character. Like a mantra, the use of a repetitive sound or rhythmic melody was a musical technique of pre-Hispanic characteristics calculated to produce a determined effect, to induce a type of group hypnosis. The incessant and repetitive tunes of today's ritual songs and dances quickly become uninteresting to visitors. Not programmed in the hypnotic qualities of these ritual dances, outsiders are unprepared to experience the unifying effect this has on the viewing public. This technique still exists in diminishing practices as musical traditions from diverse origins continue to be assimilated.

DOS ESTILOS IMPORTANTES:
DANZAS Y BAILES

Muchas comunidades indígenas creen todavía que las almas de los fallecidos reciben el permiso de regresar cada año a sus lugares de origen para visitar y celebrar una reunión familiar, durante varios días en el mes de noviembre. La temporada está ricamente matizada con música y danzas específicas, algunas más recientes por su naturaleza junto con otras de raíces antiguas. Existe claramente dos estilos que se distinguen entre la danza y el baile, pero que se diferencian en su propósito y características. El baile es social y la danza se conoce por sus cualidades rituales y solemnes, aunque puede incluir una tendencia humorística. En muchos pueblos pequeños, los niños y en general sus habitantes ríen alegremente de las jugarretas de los bailarines durante las Danzas de los Huehues o los Viejitos, los Cuanegros y los Disfrazados.

Observando las danzas tradicionales se puede asumir que hay diferentes clases: humorísticas, religiosas, satíricas, etc., con una amplia expresión alegórica y simbólica, que generalmente va de lo místico a lo sobrenatural. Cuando la música y la danza se identifican con la tradición de sus costumbres ancestrales no sólo une a la familia, sino que a todo el pueblo.

La música para la danza es seria y extremadamente repetitiva en su naturaleza: los instrumentos de cuerda interpretan melodías que crean una conciencia común entre los músicos, los bailarines y a menudo el público. Tiene sus orígenes en las primeras ceremonias indígenas que la usaban como un vehículo sagrado para honrar a las deidades y para elevar los espíritus conduciéndolos a una ubicación particular o ceremonia.

La música de la danza para Día de Muertos es interpretada tradicionalmente por los hombres. Las mujeres no tocan los instrumentos por el temor supersticioso de que si lo hacen les quitarán sus poderes sobrenaturales. Tienen la creencia que los huehues, sonajas y chinchines, junto con el cetro adornado con plumas de colores bri-

TWO IMPORTANT STYLES:
DANZAS AND BAILES

Many indigenous communities still believe that the souls of the dead are granted the right to return to their origins for a visit and to celebrate a family reunion during several days in November each year. The season is richly punctuated with specific dances and music, some more contemporary in nature and others of ancient roots. There are clearly two styles of dance distinguishable between *danza* and *baile*, which both mean "dance" in English but are differentiated by their purpose and characteristics. *Baile* is completely social in character and *danza* is generally known for its solemn and ritual characteristics, although it may also include humorous tendencies as well. In many small towns, the children and townsfolk laugh giddily at the antics of the dancers during the *Danzas de los Huehues* or *los Viejitos* (old ones), *los Cuanegros*, and *los Disfrazados*.

From direct observation of traditional dancing, one can assume that there are different types of *danza*: humorous, religious, satirical, and so forth; with a wide range of allegoric and highly symbolic expressions that regularly range from the mystical to the supernatural. An entire town, in some respects the extended family, is unified because of the music and dance when it identifies with the tradition of its ancient customs.

Music for *danza* is more often serious and repetitive in nature: stringing together lengthy melodies that create a common consciousness between the musicians, dancers, and the observer. It has its roots in the earliest indigenous ceremonies that used it as a sacred vehicle to honor deities and to arouse the spirits and draw them to a particular location or ceremony. Observers are considered to include both the lively family and the visiting souls of ancestors.

Danza music for Day of the Dead is performed traditionally by men. Women do not handle the instruments for the superstitious fear that by touching them they are

llantes transmiten mágicamente el derecho al liderazgo de quien los posee, al igual que la habilidad de comunicarse con los espíritus durante la danza. Estos instrumentos son confeccionados cada año en algunas comunidades, en tanto que en otras son entregados de padre a hijo por generaciones. Los instrumentos musicales, en particular las sonajas y los tambores son adornados con dibujos o tallados que representan aspectos etéreos y otorgan el poder de conectarse con los espíritus. Ellos creen que la música que crean son mensajes invisibles que pueden llegar a las almas del otro mundo y conducirlos al presente hacia sus familias que los esperan.

El baile es un estilo de música y danza social que divierte y distrae los espíritus, al mismo tiempo que entretiene a los vivos durante este tiempo de evocación. A menudo refleja la tendencia actual de la música popular y la danza. El acompañamiento musical es tocado con instrumentos clásicos: violines, huapangueras o guitarras y algunas veces requintos o arpas, o por una orquesta conocida como banda de viento.

Diferente a la danza donde las mujeres raramente participan, los bailes son fiestas donde hombres y mujeres toman parte. Un estilo popular de baile en la región de la Huasteca es llamado huapango y es acompañado primordialmente por música ligera del mismo nombre. Los danzantes alternan entre un zapateado improvisado durante el sonido de los instrumentos y un suave arrastre de los pies, que permite a los cantantes ser oídos cuando es su turno de entonar las canciones. Las palabras tienen doble significado y son inteligentemente creadas, pudiendo comenzar con los versos tradicionales y convertirse en poesía improvisada inspirada por el público asistente, una bailarina bonita, un amigo o un tema de actualidad, dependiendo de la capacidad de quien lo hace. No es raro instigar una competencia espontánea o una rivalidad en buen espíritu del mejor de los bailarines o entre un cantante y alguien del público, deseoso de entonar una respuesta. Aunque el huapango se escucha durante todo el año, existen canciones rela-

stripped of supernatural powers. Ritual rattles including *hue hues*, *sonajas*, and *chinchines*, along with scepters of brightly colored feathers are believed to magically transmit the right of leadership to its possessor as well as the ability to communicate with the spirits during the dance. These instruments are newly made each year in some communities, while in others they are passed from father to son for generations. Instruments, in particular the rattles and drums, are often adorned with drawings or carvings that represent aspects of the ethereal and bestow the power to connect with the spirits. The music they create is considered an invisible message that can reach souls in the afterworld and lead them to the present and to awaiting families.

Baile is a style of music and social dance meant to amuse and distract the spirits as well as to entertain the living during their time of remembrance. It often reflects the current popular trend in music and dance. Musical accompaniments are played with classical instrumentation: violins, *huapangueras* or guitars, and sometimes *requintos* or harps; or by an orchestra of wind instruments known as a *banda de viento*.

Unlike *danza* where women are rarely allowed to participate, *bailes* are party dances where men and women may participate equally. A popular style of *baile* in the region of the *Huasteca* is called a *huapango* and is primarily accompanied by light-hearted music of the same name. The dancers alternate between improvising staccato footwork called *zapateado* during the instrumentals, and a softer shuffle during the vocalizations. The words to the songs are frequently improvised with clever double meanings that depart from traditional verses into poetry inspired by the attending public, a pretty dancer, a friend or a current topic; depending on the capabilities of the improviser. It is not uncommon to instigate a spontaneous competition or good-natured rivalry between the better of the dancers or between a singing musician and someone in the audience desiring to sing a response. Although the *huapango* can be heard year around, special songs with

cionadas con el tema de la muerte que son clásicas y que se escuchan en la radio, siendo interpretadas también por vendedores ambulantes, durante la temporada de Día de Muertos.

MÚSICA Y DANZA EN LOS CEMENTERIOS

Es una costumbre llevar músicos a los panteones, al igual que envolverse en danzas ceremoniales. Las formaciones de cuadrillas no son raras en la ejecución de muchas danzas que van de casa en casa, de tumba en tumba o de un sitio a otro. Los bailarines forman filas en pares, generalmente en múltiplos del número cuatro (los cuatro elementos de la naturaleza, los cuatro puntos cardinales), o de cinco (las cuatro esquinas del universo y el centro del mundo). Un líder se mueve independientemente de adentro hacia afuera, representando una influencia externa en las fuerzas naturales, simbolizadas por los cuatro cuadros de los bailarines, al igual que del guía, quien se puede comunicar por ellos, con los que se encuentran en el otro mundo.

En algunas ocasiones existen personajes independientes en las danzas que crean caos para entretenimiento del público. Por ejemplo, en algunas danzas nahua de Puebla, los bailarines disfrazados de la Muerte y la Calaca interpretan jugarretas, ejerciendo una influencia inevitable en la precisión y ejecución de la danza, en tanto que el líder del grupo, moviendo su cetro de poder, utiliza todo su talento para deshacer las interferencias y restaurar el orden. Una vez más, la antigua convicción de que existe una conexión y continuidad de la vida después de la muerte, trasciende las costumbres de esta celebración y la creencia que la música y la danza, en ese momento, harán la diferencia para aquellos que han cruzado la línea que marca el final de la existencia en este plano. En años recientes, debido al exceso de ruido y jarana calificado como falta de solemnidad y seriedad por las autoridades municipales, la música y danzas han sido prohibidas en algunos cementerios.

appropriate Day of the Dead themes relating to the topic of death and the departed are classic and readily played on the radio and by sidewalk vendors during the season.

MUSIC AND DANCE IN THE CEMETERIES

In some areas of Mexico, it is customary to bring music for hire to the cemetery as well as to engage ceremonial dancers. *Cuadrilla* formations are not unusual in the execution of many dances that travel from house to house, tomb to tomb, or site to site. Dancers of lined pairs, most likely in multiples of the number four (four elements of nature, four cardinal points) or five (four corners of the universe and the central world) accomplish choreographies in intricate, lengthy ceremonies. A leader moves independently in and out of the choreography, representing an external influence on the natural forces symbolized by the four squares of dancers as well as the guide who can communicate for them with the afterworld.

Sometimes there are other independent characters in the dances that exert chaos for the amusement of the public. For example, in several Nahuatl dances of Puebla, costumed *danzantes* of *La Muerte* (signifying death) and *La Calaca* (signifying mortality) perform improvised antics that exert an inevitable influence on the accuracy and execution of the danza while the group leader, waving a power scepter, uses all his talent to undo their interference and to restore order. Once again, the ancient conviction that there exists a connectiveness and continuance of life after death permeates the holiday customs and the belief that the music and dance of the moment will make a difference to those who have 'crossed over to the life beyond.' In more recent years, excesses in noise and revelry have caused music and dance to be banned in some cemeteries, a municipal statement that there is insufficient solemnity and seriousness.

En Acatlán de Osorio, Puebla, la danza de los Tehuanes está acompañada por un sólo músico que toca con su mano izquierda varias melodías con una flauta de caña pequeñísima. Su mano derecha golpea un tamborcito marcando el ritmo, al mismo tiempo que lo detiene, como un apoyo, contra la palma de su mano izquierda. Los danzantes varones se visten con caracterizaciones de personalidades masculinas de todas las edades: el presidente municipal, el borracho del pueblo, un político, el catrín y así por el estilo. Con máscaras y vestidos en trajes oscuros decorados con lentejuelas de imágenes tradicionales como águilas o la Virgen de Guadalupe, los bailarines llevan enormes sombreros decorados, igualmente, con lentejuelas. Cubren su cabello con bufandas y mantienen sus manos enguantadas. No hay un punto de la piel que se exponga y que pueda revelar la identidad de los bailarines, quienes pueden consecuentemente representar a las almas de nativos del pueblo.

Los Tehuanes cazan un jaguar representado por un hombre con traje amarillo con manchas oscuras. Él lleva una máscara de madera que cubre totalmente su cabeza y que representa al animal que está siendo perseguido. Algunas ocasiones, el danzante que representa al jaguar trata de mezclarse en una de las dos líneas de los hombres del pueblo, pero generalmente baila o camina solo. Tratando de dominarlo con la fuerza, un cazador persigue al jaguar con un látigo para disciplinarlo o subyugar su naturaleza independiente. Coqueteando con los bailarines y observadores están los que siempre representan a la Muerte y a un esqueleto, recordando a todos que no pueden escaparse de un final inevitable. Los bailarines forman dos líneas que serpentean por la carretera principal conduciéndolos a la plaza del pueblo y de nuevo al cementerio. Al final del tercer día, el jaguar es cazado y sacrificado en un ritual que asegura la permanencia de los vivos.

In Acatlan de Osorio, Puebla, the *Danza de los Tehuanes* is accompanied by a single musician who plays various melodies on a tiny reed flute with his left hand. His right hand beats the rhythm on a *tamborcito* (small drum) as it leans against his left palm for support. Male dancers dress as characterizations of past male personalities of all ages: the town mayor, a drunk, a politician, the dandy, and so forth. Masked and dressed in dark suits decorated with sequined cultural icons such as eagles and the *Virgen de Guadalupe*; the performers wear enormous brimmed hats, cover their hair with large scarves, and wear gloves. There is nothing exposed to reveal the true identity of the dancers who can consequently masquerade as the embodiment of the visiting souls of past residents.

The *Tehuanes* hunt the trail of an ocelot or jaguar, portrayed by a man in a spotted yellow jumpsuit wearing a carved, ocelot-like wooden mask over his covered head. He sometimes tries to blend into one of the two lines of townsmen, but most often dances and walks independently. He is chased by a hunter with a whip who tries to discipline, or kill, his independent nature and subdue him with force. Flirting with the dancers and observers are the ever present costumed dancers of the Grim Reaper (Death) and a skeleton (Mortality), reminding everyone of their inescapable influence. The dancers form two lines that writhe down the main road leading to the town plaza and back to the cemetery again. At the end of three days the jaguar is caught and "killed" in a ritual sacrifice that ensures the sustenance of the living.

THE USE OF MASKS

Masks play a key role in the seasonal dances for *Dia de Muertos*, where the souls of children and adults,

EL USO DE MÁSCARAS

Las máscaras desempeñan un papel muy importante en las danzas de temporada de Día de Muertos, donde las almas de los niños y los adultos, mujeres y hombres, deben ser representadas. Se entiende que en comunidades tradicionales donde a las mujeres no les permiten bailar en público, los hombres y niños necesitan representar sus papeles. Los que personifican a un antepasado que regresa, deben vestirse para simbolizar su presencia y mantener sus rostros bajo la cubierta de facciones artificiales, ya sea ocultas por el maquillaje, una bufanda o una máscara. Estas últimas son hecha de diferentes materiales, incluyendo madera tallada, plástico, tela pintada o cañas entretejidas.

Las danzas de los enmascarados van de lo serio a lo burlesco. En comunidades rurales los políticos y líderes del pueblo sienten el placer de bailar de incógnito representando el espíritu de una mujer. Durante una visita a Jaltocán, Hidalgo en el año 2000, nuestro grupo de investigación fue sorprendido por la presencia casual de una matrona, elegantemente vestida, que se unió a los disfrazados que bailaban al pie del edificio de la alcaldía. El "espíritu visitante" llevaba puesto un vestido hecho con tela floreada, guantes y portaba una cartera. Un sombrero y una bufanda escondían su rostro al momento de unirse, tranquilamente, al grupo de bailarines danzando airosamente con el acompañamiento de guitarras y cantantes. Si se observaba cuidadosamente sólo los ojos y sus piernas lo identificaban como un hombre. Aunque es prohibido admitir un reconocimiento, los habitantes del pueblo, contentos, reían disimuladamente de que su presidente municipal probara ser uno de ellos participando en la tradición. Nativo de Jaltocán, este alcalde es uno de los primeros indígenas nahua en la historia del pueblo en ser electo para ese cargo y estaba iniciando el apoyo de su administración a las celebraciones tradicionales como *Xantolo* o el Día de los Difuntos.

including males and females, must be represented. Understandably, in traditional communities where females are still not permitted to dance publicly, men and boys need to represent all roles including that of the women and girls. Therefore the living who portray a returning ancestor must dress to fit the part and keep a recognizable face under the cover of artificial features either with make-up, a scarf, or a mask. Masks are made from every conceivable material, including carved wood, formed plastic, painted cloth, and woven reeds.

Mask dances go the full range in attitude, from the serious to the burlesque. Rural communities take quite a bit of pleasure in the chutzpa of their male politicians and town leaders when they appear incognito as a dancing female spirit. During a visit in 2000 to Jaltocan, Hidalgo, our research group was surprised by the casual appearance of a well-dressed matron joining the forefront of the *disfrazados* dancing in front of city hall. The "visiting spirit" wore a beautiful floral dress, gloves, and carried a stylish purse. A hat and draping scarf concealed features as "she" calmly joined the dancers and stepped elegantly to the accompaniment of the guitars and singers. If you looked closely, only the eyes and slightly bowed, lower legs identified her as a man. She was immaculately dressed, down to the back-strapped shoes. Although it was forbidden to admit any recognition, the local townspeople were chuckling and definitely delighted that the mayor proved himself to be truly one of them by proudly participating in this annual tradition. Native born in Jaltocan, the new city mayor was the first Nahuatl Indian elected in the history of the town and was initiating municipal support of traditional celebrations such as *Xantolo*, or the All Souls holiday.

En Huautla, otro pueblo de la región Huasteca de Hidalgo, clubes de hombres jóvenes se congregan en el cementerio el dos de noviembre para entretener con la presentación de la danzas de los Disfrazados y reunir dinero. El instructor lleva un pequeño látigo y está vestido como un esqueleto. Igual número de parejas de bailarines incluyen una línea de espíritus femeninos y otra de espíritus masculinos. De acuerdo a sus costumbres, las mujeres no participan, por lo tanto los jóvenes interpretan las partes de los espíritus femeninos visitantes, usando máscaras y vestidos prestados. Es considerado un servicio comunitario el ser incluido como un espíritu femenino enmascarado entre los danzantes matlachines, cole, chiquieleguas o huehuetino. Igualmente aquí, los bailarines tienen el cabello cubierto con bufanda y pañuelo y llevan guantes. Después de semanas de prácticas, los disfrazados entretienen por horas, ejecutando secuencias perfectas y patrones coreográficos tradicionales, yendo de tumba en tumba. Además de interprepar su papel durante los festejos cívicos y familiares de Día de Muertos, el dinero colectado les permite pagar los gastos del ritual de desenmascararse, una celebración que realizan el 30 de noviembre, Día de San Andrés. Al finalizar el ciclo de recordación los danzantes se quitan la máscara y la comunidad reconoce aquellos que contribuyeron en sus reuniones.

In Huautla, another town in the *Huasteca* region of Hidalgo, clubs of young men gather in the cemeteries on November 2nd to entertain and raise money with presentations of *Danza de los Disfrazados* (the costumed ones). The bidder of tips carries a short whip and is dressed as a skeleton. Equal pairs of dancers include a line of male spirits and a line of female spirits. Girls are not permitted to participate so the boys who play the parts of visiting female spirits wear feminine masks and borrowed dresses. It is considered a respectable community service to be included as a masked female *matlachin*, *cole*, *chiquieleguas*, or *huehuetino* dancer. The hair is covered with scarves and the hands with gloves. After weeks of practice, the *disfrazados* entertain for hours, executing precise sequences and traditional choreographic patterns from tomb to tomb. Besides playing a role during the *Dia de Muertos* family and civic celebrations, the money raised pays for the unmasking ritual and celebration held on November 30th, the Day of Saint Andrew, representing the end of the holiday period when the *danzantes* are unmasked and the community can recognize those who have contributed to their reunions.

THE CIRCLES OF CHANGE

By their popular nature, traditions have always been

EL CÍRCULO DE CAMBIO

Por su naturaleza popular, las tradiciones siempre han estado sujetas a cambios en su tendencias, preferencias culturales, condiciones económicas y administraciones políticas. Las influencias extranjeras pueden ser culpadas por los cambios o desaparición eventual de las melodías musicales y danzas tradicionales específicas, pero igualmente lo es la muerte inevitable del maestro o músico, o la falta de interesados en proteger este aspecto tradicional. Un acervo oral puede desaparecer fácilmente en el lapso de una generación. Pero, posiblemente es el aspecto monetario el que ha tenido mayor influencia en los cambios y recortes de las festividades de Día de Muertos. Esto puede explicar fácilmente la costumbre de la elaborada Ofrenda Nueva, hecha solamente en la primera celebración después de la muerte y seguida por versiones modestas después del primer año. Resulta costoso comprar los materiales que se necesitan para la festividad. Durante temporadas económicamente difíciles, la gente tiende a simplificar sus gastos por necesidad. Durante sequías, por ejemplo, el costo aumenta de los objetos que se necesitan para adornar el altar, así como para la comida y las flores. Por otro lado, durante las épocas buenas, la exhibición de fe se manifiesta de manera suntuosa en la recordación de los fallecidos.

subject to changes in trends, cultural preferences, economic conditions, and political administrations. Foreign influence may be blamed for the change or eventual disappearance of musical melodies and specific dance traditions, but so should the inevitable death of a maestro or musician, or the lack of interested potential protégées. A specific oral tradition can easily disappear within one generation. But it is most likely that money matters have had the greatest influence on the changes of the festivities and trimmings of Days of the Dead. This could easily explain the custom of the most elaborate *Ofrenda Nueva*, an ornate offering made only on the first celebration after death, and followed by modest annual versions thereafter. It is expensive to purchase the materials that comprise a customary celebration, and during hard economic times, people may simplify their expenditures by necessity. During drought, for example, the cost increases for altar supplies, food, and flowers. On the other hand, during good times, the exhibitions of faith grow and richly honor the memory of the family ancestors.

Necessity may change the substance of the offerings, but not their importance. While one rarely observes *danzantes* dressed in the once traditional sparkling white *calzon* (pants) and oversized, handmade *camisa de manta* (shirt); the music and dance they perform remains an

La necesidad puede cambiar el contenido de las ofrendas, pero no su importancia. Aunque en la actualidad es raro observar danzantes vestidos con el tradicional calzón blanco y la camisa grande de manta confeccionada a mano, la música y la danza que ellos interpretan permanece como un entretenimiento para la comunidad y un regalo popular para las almas que regresan. Es posible que los bailarines vistan camiseta y pantalón de mezclilla, máscara sintética y porten bastón de plástico o cetro con plumas artificiales, pero la esencia del ritual permanece fundamentalmente pura.

A pesar de los ajustes en los arreglos artísticos de Día de Muertos, las mejores celebraciones y ceremonias son aquellas que continúan pasando tradiciones culturales específicas. Inevitablemente, los jóvenes quieren cambiar y ser independientes, pero cuando se convierten en padres luchan por reconectarse con sus raíces. La música, danza, comida y bebidas permanecen como una parte primordial de la celebración de estos ciclos, simbolizado cada noviembre en la familia reunida. Permanece, como siempre, intacta, la famosa y generosa hospitalidad mexicana, ya sea extendida a un hijo que regresa, a un antepasado cuya alma vuelve o a un visitante extranjero que llega deseoso de conocer la tradición.

Descripciones escritas fallan en presentar la intensidad de cualquier experiencia que he tenido durante los viajes de investigación que he realizado para observar la celebración de Día de Muertos en México. Lo recomendado es verla en persona. Para individuos que están planeando viajar, la serie de libros *A Través de los Ojos del Alma, Día de Muertos en México* es una fuente rica en mapas y direcciones hacia una considerable variedad de regiones de México. Para otros, las imágenes cautivantes que describe la autora Mary J. Andrade y sus exquisitas y vívidas fotografías proveen un documento substancial de los valores profundos de esta tradición. Como alternativa a una visita casi obligada, sus fotografías con colores vibrantes y sus extensas descripciones brindan una visión de este asombroso festival.

Elena E. Robles
Coreógrafa y Antropologista de Danzas
The Heritage Network
San José, California

amusement for the community and a popular gift for visiting souls. Perhaps dancers might wear t-shirts and jeans, synthetic masks, and carry plastic canes or power wands of artificial feathers; but the center of the ritual remains fundamentally pure.

Regardless of adjustments in the artistic display of *Dia de Muertos*, the best celebrations and ceremonies are the ones that continue to pass on culturally-specific traditions. Inevitably, while youth want change and independence; when they become parents they struggle to reconnect with their roots. Music, dance, food and drink, remain a large part of celebrating these cycles and in presenting them each November to a reunited family. Forever unchanging is the famously generous Mexican hospitality, whether it is extended to a returning son, visiting ancestor, or a respectful stranger.

Written descriptions fail to describe the intensity of any particular experience I have had during years of investigative trips to All Soul's Day celebrations in Mexico. The excitement of the holiday is to go through it in person. For individuals planning a trip, the book series: *Through the Eyes of the Soul: Day of the Dead in Mexico* is a rich resource of road maps and directions to celebrations in a considerable variety of ethnic regions of Mexico. For others, author Mary J. Andrade's captivating images and exquisitely vivid photographs provide a substantial documentary of the profound values behind the holiday traditions. Vibrant color photos and thorough explanations offer a vicarious glimpse into this astonishing festival, second only to visiting a celebration in person.

Elena E. Robles
Dance Anthropologist and Choreographer
The Heritage Network
San Jose, California

Puebla

En Puebla se encuentran muestras de tres mil años de esplendor mexicano. Dentro de su riqueza arqueológica sobresale la pirámide de Cholula, que está ubicada a siete kilómetros de la ciudad de Puebla y es el monumento prehispánico más grande construido en México.

La capital poblana está localizada a 121 kilómetros de la ciudad de México. El trazo urbanístico de la ciudad de Puebla y los hermosos edificios del centro histórico, le valió para que fuera declarada por la UNESCO como Patrimonio Cultural de la Humanidad.

El estado cuenta con 34,000 kilómetros de territorio, limitando al norte y al este con el estado de Veracruz, al sur con el estado de Oaxaca, al sureste con el estado de Guerrero y al oeste con los estados de Hidalgo, México, Morelos y Tlaxcala..

Vestiges of over 3,000 years of Mexican splendor can be found in Puebla. Standing out among its archaeological riches is the pyramid of Cholula, located four miles from the City of Puebla. It is the largest pre-Hispanic monument built in Mexico.

The capital city of Puebla is located 75 miles from Mexico City. The city's layout and the beautiful buildings of its historic downtown led UNESCO to declare it a Cultural Heritage of Humanity.

The state covers 21,126 square miles, bordering the state of Veracruz in the North, the state of Oaxaca in the South, the state of Guerrero in the Southeast, and the states of Hidalgo, Mexico City, Morelos and Tlaxcala in the East.

UNA DANZA DE AMOR

Todos caminando vamos
errantes por los senderos;
en lo que somos, no estamos
aunque nos llamen viajeros.

El *itacate* del viaje
lleva incluido el calzado;
sin olvidar un buen traje
que deslumbra lo ignorado.

Pero la luz es tan bella
que todo se hace camino;
es como una antorcha — estrella
al alcance del destino.

Somos ofrenda y vivencia
altar y arreglo de aromas;
cempasúchitl es la esencia
florecida entre las lomas.

"Lugar de Cañas" el cielo
la noche es como una cesta
que Dios coloca en el suelo
como un regalo de fiesta.

El suelo del cementerio
por donde nos vamos todos;
a descubrir el misterio
donde se acaban los modos.

Modo de bailar el aire
la danza de los *Tehuanes*;
fuerza de fiera el donaire
que es la vida y sus afanes.

Afán del tigre que acecha
es el bien y el mal, el reto;
lo que importa es la cosecha
donde se esconde el secreto...

...de la vida, de la muerte,
macehuallis del camino;
existir ya es una suerte
del sueño de lo divino.

Y todos danzando vamos
errantes por este mundo;
resplandece lo que damos
que es siempre lo más profundo.

Errantes que regresamos
para que nada se pierda;
y si nos ponen la cuerda...
es entonces cuando amamos.

Julie Sopetrán, 2001
Poetisa española

DANCE OF LOVE

We all go walking
wandering through pathways;
in who we are, we don't exist
even if they call us journeymen.

The *itacate* for our journey
carries the shoes;
as well as a fancy suit
which blinds what is ignored.

But the light with all its beauty
turns everything into a path;
it's like a torch — star
within destiny's reach.

We are offerings and livelihoods
altar and array of aromas;
cempasuchitl is the essence
which blooms among the hills.

"Place of Sugarcanes" the sky
the night like a basket
placed on the ground by God
like a gift of celebration.

The cemetery's ground
a road which we all take;
to discover the mystery
where the ways come to an end.

The way of air dancing
the dance of the *Tehuanes*;
beastly force the grace
that is life and its zeal.

Zeal of the tiger that spies
is good and evil, the challenge;
what matters is the harvest
where the secret lies . . .

. . . of life, of death.
macehuallis of the journey;
to exist is just luck
of the divine's dream.

And we all dance as we go
wandering through the world;
all that we offer shines
which is always from within.

Wanderers who return
so that nothing will be lost;
and if they tied the knot
that is when we start to love.

Julie Sopetran, 2001
Spanish Poet

SOLIDARIDAD ESPIRITUAL EN LA FIESTA DE MUERTOS EN PUEBLA

La fiesta de muertos en Puebla tiene influencia católica preponderante; sin embargo, conserva los rasgos auténticos de civilizaciones que existieron 2,300 años a. de J.C., cuyos vestigios se han encontrado en las cuevas de Tehuacán.

"Durante la época de la Conquista, las creencias indígenas chocaron con las enseñanzas de la Iglesia Católica ante su explicación del infierno. Para esta gente, profundamente visionaria, era imposible concebir cómo una deidad esencialmente sabia podía ser tan cruel para condenar a las almas a un castigo eterno, después de vivir en este mundo a donde llegaron precisamente para sufrir y gozar en su proceso de perfección", declara el arqueólogo Eduardo Merlo Juárez.

Los vivos eran llamados *macehuallis* que quiere decir "los que están haciendo méritos". Esto significa que la vida en este mundo es una escuela de aprendizaje para una vida futura en la cual el alma descansa y se dedica a contemplar a los dioses.

En la creencia indígena no existe el concepto del cielo según el cristianismo; su visión es más amplia y halagadora: dentro de los planos de existencia donde moran los dioses, existe uno que es el quinto nivel. De los trece niveles celestes de la mitología indígena, el quinto es el más atractivo (coincide con filosofías orientales que dicen que el quinto nivel es el Plano del Alma), gobernado por el Señor de la Lluvia (*Tláloc* para los nahuas y *Cocijo* para los zapotecas).

Al entrar el espíritu a este plano o nivel, se convierte en niño y encuentra allí un mundo paradisíaco donde se deleita. Esta transformación podría interpretarse como el retorno del ser humano a su estado original de inocencia y pureza espiritual.

Al quinto plano de existencia no se puede llegar por voluntad propia, pues es el dios de la lluvia quien decide. Si *Tláloc* elige a alguien, no importa si es bueno o malo, desde el punto de vista social, lo lleva a este paraíso. La señal para los familiares del fallecido de que el espíritu de éste ha llegado al quinto nivel, es si el agua tiene una relación directa con su muerte.

SPIRITUAL SOLIDARITY IN THE CELEBRATION OF DAY OF THE DEAD IN PUEBLA

In Puebla, the festival of the dead has been greatly influenced by Catholicism; however, it retains aspects that can be traced to civilizations that existed 2,300 years B.C., remnants of which have been found in the caves of Tehuacan.

"During the Conquest, indigenous beliefs clashed with the teachings of the Catholic Church in their explanation of hell. For these people, who were profoundly visionary, it was impossible to conceive the idea of one essentially wise deity who could be so cruel as to condemn souls to eternal punishment after living in this world where they arrived precisely to suffer and enjoy during their path to perfection," explains archaeologist Eduardo Merlo Juarez.

The living were called *macehuallis*, which means "those who are paying their dues." This means that life in this world is a school of learning for a future life where the soul rests and concentrates on contemplating the gods.

Indigenous beliefs held that the concept of heaven, as defined by Christianity, does not exist. Their vision is broader and much more flattering: within the levels of life where the gods roam, there is an existential plane called the fifth level. Of the thirteen celestial levels in indigenous mythology, the fifth level is the most alluring (it coincides with oriental philosophies which state that the fifth level is the Plane of the Soul). It is governed by the God of Rain (*Tlaloc*, to the Nahuatls, and *Cocijo* to the Zapotecs).

As the spirit enters this plane or level, it becomes a child and finds a paradise of pure delight. This transformation can be interpreted as a return of the human being to its original state of spiritual purity or innocence.

One cannot arrive to the fifth level by choice. It is the god of rain who decides. If *Tlaloc* chooses someone, regardless of whether that person is good or evil from a social perspective, that person will be taken to paradise. Relatives know that the spirit of the deceased has arrived

El nivel más alto es el del Sol, el *Tonalcalli* o Casa de Calor. A este plano llegan las mujeres que mueren durante el parto y los guerreros que dejan su vida en los combates. El resto de las almas simplemente descansan o duermen en un lugar muy oscuro, el *Mictlán*.

Al morir una persona, su familia le organizaba el *itacate* (recursos de viaje), que consistía generalmente de ropa y zapatos o huaraches nuevos, porque el recorrido del ánima es muy largo. Además se incluía un leño para que lo usara como antorcha en su camino. El *itacate* para el muertito, era una costumbre de las culturas prehispánicas.

"Investigaciones realizadas sobre las creencias indígenas relacionadas con esta fiesta, observan que el primer conflicto del alma se presenta en el momento que se desprende del cuerpo, al separarse de sus familiares. Por un lado no quiere verles sufrir y por otro, si la familia no llora se va muy triste. Este problema se soluciona sabiamente contratando a mujeres plañideras para contentar así al que se va y a los que se quedan", comenta el arqueólogo poblano Eduardo Merlo Juárez.

El límite entre la vida y la muerte se describe como un caudaloso río llamado Chignahuapan, que significa Nueve Ríos. El espíritu debe cruzar este río. Si sabe nadar no tiene problema; en caso contrario, necesita la ayuda de un perro para evitar que la corriente lo arrastre hacia la nada. Esto explica el hallazgo de esqueletos de este animal junto al de humanos. También aclara por qué mucha gente trata a los perros en forma especial, ya que según sus creencias si los trataba mal no ayudarían al alma de su dueño a cruzar el río.

El alma entra definitivamente en la muerte cuando llega a la orilla opuesta del río. Entonces comienza un camino largo y difícil, al final del cual está la puerta del *Mictlán*, lugar de descanso, donde *Mictlantecuhtli*, el Señor de los Muertos y su esposa *Mictlancíhuatl* colectan el costo de admisión. Esta es una cuenta que el alma debe cancelar con madera, barro, oro o jade. Es por esta razón que se acostumbraba colocar oro o jade en la boca del cadáver.

El alma sale temporalmente del *Mictlán* durante la época en que los vivos festejan la Gran Fiesta de

at the fifth level if the cause of death was somehow related to water.

The highest level is that of the Sun, the *Tonalcalli* or House of Warmth. Women who die in childbirth or soldiers who lose their life in battle arrive at this plane. The remaining dead simply rest or sleep in a very dark place, the *Mictlan*.

Family members prepare the *itacate* (provisions for a journey) when a person dies, which generally consists of clothes and shoes or new *huaraches* (sandals) because the soul must embark on a very long journey. A log is also included so the soul can use it as a torch along the journey. The *itacate* for the dead, is a custom that dates back to pre-Hispanic cultures.

"Research conducted on the subject of indigenous beliefs related to this festivity of the dead demonstrates that the first conflict the soul encounters as it leaves the physical body is the separation from family members. On one hand, it does not want to see them suffer, but on the other hand, if the family does not cry, the souls leave feeling very sad. This problem has been wisely resolved by the hiring of 'wailing women,' thereby ensuring that both the deceased and those left behind are happy," explains archaeologist Eduardo Merlo Juárez.

The limit between life and death is described as a treacherous river called *Chignahuapan*, which means Nine Rivers. The spirit must cross this river. If it can swim, it will have no problem. However, if it can't, the soul must seek the help of a dog to avoid being swept up by the current into oblivion. This explains why the remains of dogs are found along with human remains. It also explains why many people treat dogs with special care, since, according to their beliefs, if they mistreat them, they will not help his owner cross the river.

The soul definitively enters death once it arrives at the opposite side of the river. It then begins a long and difficult journey, at the end of which it will find the door of *Mictlan*, or place of rest, where *Mictlantecuhtli*, God of the Dead, and his wife, *Mictlancihuatl*, collect the price of admission. This is a debt that the soul must pay

Muertos (el *mitote*, en nahua). La visión y el presentimiento del más allá se apoderan del ánimo, no sólo de los poblanos, sino también del resto de la gente de México, para celebrar por varios días y en la mejor forma que pueden, la visita del alma de sus familiares. Durante estos días, la venta de *cempasúchitl* (flor de los veinte pétalos) y de cresta de gallo (flor roja aterciopelada), cultivadas en los campos de Atlixco, en el Estado de Puebla, se expande hacia el resto de la República Mexicana. Manjares culinarios comienzan a hervir en las ollas, se alistan tortillas, se recoge la fruta, se preparan dulces típicos poblanos y se fabrican las velas, que por docenas se quemarán en el altar levantado en los hogares y durante la velación nocturna en los cementerios, el primero y dos de noviembre.

CUETZALAN

La celebración de Día de Muertos, se expresa de diferentes maneras en cada lugar donde se honra esta tradición. En Cuetzalan, cuyos pobladores forman un admirable conglomerado compuesto por grupos totonaca y nahua, sus costumbres se reflejan en los altares. Aquí, la celebración tiene como elemento principal el altar-ofrenda que se levanta en los hogares, donde la vida y la muerte es una dualidad siempre presente.

with wood, clay, gold or jade. This is why it is customary to place gold or jade in the mouth of a corpse.

The soul temporarily leaves *Mictlan* during the time that the living celebrate the Great Festival of the Dead (*mitote*, in Nahuatl). Visions and premonitions about the netherworld grip the spirit of the people; not just from Puebla, but people from all over Mexico. They celebrate for several days as best they can, the arrival of the souls of their loved ones. During this time, the sale of *cempasuchitl* (flower of twenty petals, or marigold) and the *cresta de gallo* (rooster crest flower, a red velvety flower, harvested in the fields of Atlixco, Puebla) extends to the entire country. Culinary delights begin to simmer in pots, tortillas are prepared, fruits are picked, traditional Pueblan candies are created, and candles are crafted to burn on altars. These are set up in homes and in cemeteries during the night vigil, on November 1st and 2nd.

CUETZALAN

The Day of the Dead celebration is expressed in different ways in each place where this tradition is honored. Residents of Cuetzalan, who comprise an incredible conglomerate of ethnic groups from the Totonaca and Nahuatl groups, reflect their traditions in their altars. Here, the celebration's principle element is the altar-

Cuetzalan, está ubicado en el corazón de la Sierra Norte del estado de Puebla, a 1,500 metros sobre el nivel del mar, es la cabecera del municipio y el centro de una amplia región de enorme importancia cultural. El lugar donde se levanta esta villa fue escogido por diferentes grupos étnicos por sus cualidades y características singulares. Se ha podido comprobar que los totonacas se establecieron allí alrededor del siglo IV e instalaron en este sitio su centro ceremonial.

Aparte de la bonanza de su agricultura, esta área contaba con abundancia de aves que daban uno de los dones más preciados por los pueblos indígenas: las plumas, objeto religioso y de lujo llamado *quetzalli* en lengua nahua. De ahí surgió el nombre de esta población, Cuetzalan, que significa "lugar de plumas preciosas".

Cuetzalan es un lugar bello. Su paisaje y la bondad de sus habitantes se entrelazan en un panorama físico y espiritual que atrae a gentes de todas partes. Es una zona cafetalera que también produce pimienta. Hasta donde alcanza la vista, el verde de su vegetación semitropical se mezcla con el amarillo de las flores llamadas zacatillos.

En un costado de la montaña y en una topografía complicada, las viviendas están edificadas en diversos niveles, con calles que suben y bajan, formando recovecos inverosímiles. Desde ellas, el visitante puede observar las costumbres de sus habitantes, cuya mayoría viste trajes autóctonos: el hombre con calzón y camisa blanca, con una banda llamada *metacal* que le cruza la frente, sujeta la carga que lleva en la espalda. La mujer se viste también de blanco, con vestidos bordados y adornados con una solapa triangular, *quechquemitl*, hecha de un material transparente.

Cuetzalan, es un pueblo más indígena que mestizo, cuyas características y costumbres difieren completamente de las de la ciudad. Durante la temporada de muertos se pone en las casas la ofrenda. Para ello se usa una mesita que se adorna con ramas de pino o de cualquier otro árbol, formando una especie de casita o enramada. De ésta, pende todo lo imaginable para alimentar el alma de los fallecidos. Cuelgan panes de diferentes formas, tamales, plátanos, frutas, etc. También, se usan redecillas para colocar en ellas todo el peso que sea capaz de soportar dicha enramada. En realidad, las ofrendas de Cuetzalan y pueblos aledaños más bien parecen árboles de Navidad.

En la parte plana de la mesa se colocan los alimentos sólidos como el mole con carne de guajolote o de res, frijoles, arroz, frutas confitadas y generalmente la calabaza-melón, que es una fruta que se cosecha en este lugar y que la *achicalan*, es decir que la hacen dulce.

offerings in people's homes, where life and death are an ever-present duality.

Cuetzalan is located in the heart of the *Sierra Norte* of the state of Puebla, at 5,021 feet above sea level. It is the head of the municipality and is at the center of a vast region of great cultural significance. The area where this town lies was chosen by different ethnic groups for its unique qualities and characteristics. Evidence shows that the Totonaca people settled here around the fourth century and built a ceremonial center.

Besides its agricultural wealth, this area accounts for an abundance of birds that provided one of the most prized items for the indigenous people: feathers, a religious and luxurious object called *Quetzalli* in Nahuatl. This is the origin of the region's name: Cuetzalan, which means "place of precious feathers."

Cuetzalan is a beautiful place. Its surroundings and the generosity of its people are intertwined in a physical and spiritual landscape that attracts people from all over the world. It is a coffee producing area that also grows black pepper. The greenery of its semitropical vegetation and yellow accent of the *zacatillo* flowers extend as far as the eye can see.

On one side of the mountain with rugged terrain, homes are built on different levels, with streets twisting up and down in unbelievable patterns. From these streets, visitors can observe the customs of the city's residents. Most of them wear native dress: men wear traditional white pants and white shirts, along with a band called *metacal* which is worn across the forehead and extends to the back when carrying a load; women also dress in white, embroidered dresses covered by a triangular cape, or *quechquemitl*, made from a transparent material.

Cuetzalan is a town that is more indigenous than mestizo, with customs and characteristics that completely differ from those of urban areas. During the festivities for the dead, offerings are placed in all the homes. A small table is used for this purpose and is decorated with pine or other tree branches fashioned in the form of a small shed. Everything imaginable that is believed to feed the souls of the departed is hung on this structure: all types of breads, *tamales*, bananas, fruits, etc. Small nets are also used to hang as many items as possible from this shed. Actually, the offerings in Cuetzalan and neighboring towns are likened more to Christmas trees or a nativity scene.

Solid food items are placed on the table's surface, such as *mole*, turkey meat or beef, beans, rice, candied fruits and generally a type of fruit called squash-melon. This fruit is grown in this area and is usually sweetened.

La mesa no se decora con manteles, sino que se cubre con hierbas, para que aromaticen el lugar más importante de la casa. Se le pone rajas de ocote, madera recinosa que arde al igual que el copal, ya que el espíritu del muerto absorbe mucho su fragancia. Según sus creencias, entre más copal tiene la ofrenda mayor es el lujo, aunque no tenga comida o le falten velas. Éste debe superar a todo lo que se le ofrenda.

De acuerdo a la costumbre, siempre hay un anciano en la casa quien se encarga de dar la bienvenida a las almas. El 28 de octubre llegan las almas de los que murieron en accidentes, el 29 las de aquellos que fallecieron violentamente y el 30 la de los niños que están en limbo.

Para los pequeños que murieron sin ser bautizados sólo se pone un vaso con agua, veladoras y flores. Lo curioso es que todo se ubica en una esquina de la casa, en un rinconcito, ya que estas almitas no tienen acceso al altar. Las almas de los niños bautizados entran, a los que fueron sus hogares, el 31 de octubre a las 12 del día. Éstas sí tienen derecho al altar, al pan, a los dulces, las frutas e incluso a la papilla que comían en vida. El primero de noviembre se recibe a las almas de los adultos, con quienes se comparte la comida.

Entre los indígenas, las ofrendas y los comestibles son un poco más sencillos. En un lugar de la casa, generalmente sobre el suelo o sobre una tarima muy pequeña, ponen los alimentos, adornándola con hierbas y hojas. En el centro de la habitación se forma una alfombra con pétalos de *cempasúchitl* para indicar el camino que debe seguir el alma hasta llegar a la ofrenda.

En el cementerio se celebra una ceremonia el 2 de noviembre. Los habitantes de Cuetzalan concurren al panteón a dejar coronas de flores artificiales en la cruces de las tumbas. El resto, lo cubren con flores naturales. Durante tres horas, los familiares de los fallecidos hacen guardia frente a las tumbas, mientras el sacerdote del pueblo va rezando responsos frente a ellas. Concluídas

Tablecloths are not used on the altar. Instead, it is covered with aromatic herbs that spread their pleasant smells in the most significant place in the house. *Ocote* (torch pine), which burns like incense, is also used since it is believed that the spirit of the dead absorbs its fragrance. According to their beliefs, the more *copal* (incense) is used in the offering, the better, even if there is no food or candles. *Copal* must come before all other items that are placed as an offering.

Tradition dictates there must be an older person in the home who is responsible for welcoming the souls. The souls of those who died in accidents arrive on October 28th; those who died violent deaths arrive on the 29th; and children who were left in limbo arrive on the 30th.

For youngsters who died without being baptized, only a glass of water, candles, and flowers are placed. What is interesting is that these are placed in a corner of the room in a little nook, since these little souls do not have access to the altar. The souls of the baptized children enter their former homes on October 31st at midday. These souls do have a right to the altar: the bread, candy, fruit and even the baby food they ate in life are present. On November 1st, souls of the adults are welcomed to share a meal with them.

The offerings and other provisions are somewhat simpler among indigenous people. Somewhere in the house, generally on the floor or on top of a small wooden stand, they place food decorated with herbs and leaves. In the center of the room they lay a floral carpet made out of *cempasuchitl* petals to highlight the path the souls must follow to reach the offering.

A ceremony is held at the cemetery on November 2nd. Residents of Cuetzalan meet at the cemetery to place crowns made out of artificial flowers on the crosses of the tombs. They cover the rest of the tomb with fresh flowers. Family members of the deceased stand

las oraciones, los parientes regresan a sus hogares dejando el cementerio cubierto de flores.

Y es que, para flores, esta región es única por la variedad de ellas; basta mencionar que a todo lo largo de la carretera se extienden inmensos prados tapizados por una florecilla amarilla llamada zacatillos. Otra flor silvestre, blanca, bella y aromática es el aromajel, que se utiliza en las bodas, formando con ellas los ramos de las novias y, por supuesto, también sirve para adornar las ofrendas del día de muertos.

SAN MIGUEL ZINACAPAN

En San Miguel Zinacapan, una pequeña población aledaña a Cuetzalan, don Francisco Bautista decora la parte frontal de su ofrenda con una cortina hecha de *cempasúchitl*. Él ata a los extremos laterales de la habitación y sobre la ofrenda, dos cables de los que penden frutas en abundancia, recogidas de los árboles de la huerta que rodea su casa. Desde el filo de la carretera, marca con pétalos de *cempasúchitl* un largo camino que lleva hasta el centro del altar-ofrenda.

Lo interesante en las ofrendas de este lugar es la ausencia de fotografías de los fallecidos. Generalmente domina el altar un cuadro de las Ánimas o la imagen de Jesucristo. Es costumbre de los indígenas recibir a sus muertos con toda la familia reunida, sentada alrededor del altar y mantener siempre, por cortesía, una persona que acompañe a las almas mientras éstas absorben el aroma de los alimentos y se regocijan ante los arreglos del altar confeccionado en su honor.

El 2 de noviembre, después de acudir al cementerio y permanecer allí por tres horas limpiando y arreglando las tumbas con flores, los vivos regresan a sus hogares y las almas a su residencia en el *Mictlán*, dando así por terminada la celebración.

guard at the foot of the tomb for three hours while the town priest prays before them. They then return home, leaving the cemetery covered with flowers.

This region is unique for its variety of flowers. The roads are all lined by huge fields of small yellow flowers called *zacatillos*. Another white, aromatic, and beautiful wild flower is the *aromajel*, which is used in weddings to make bridal bouquets as well as to decorate the offerings on the Day of the Dead.

SAN MIGUEL ZINACAPAN

In San Miguel Zinacapan, a small town neighboring Cuetzalan, Francisco Bautista decorates the front part of his family offering with a curtain made out of *cempasuchitl*. He ties two cables stretching across the room over the offering, from which he hangs an abundance of fruit picked from the trees in the orchard that surrounds his house. Mr. Bautista creates a pathway of *cempasuchitl* petals from the edge of the road to the center of the altar-offering.

What is interesting about the offerings is the absence of pictures of the departed. Generally a picture of the souls in purgatory or an image of Jesus dominates the altar. It is customary among indigenous people to welcome their dead with the entire family present, seated around the altar. As a courtesy, someone is always present to keep the souls company while they absorb the aromas of the food and rejoice over the arrangements on the altar created in their honor.

On November 2nd, after visiting the cemetery for three hours to clean the tombs and place flowers, the living return home and the souls return to their place of residence, *Mictlan*. This marks the end of the celebration.

XOCHITLÁN DE VICENTE SUÁREZ

Las costumbres o formas de poner los altares en la región de la Sierra Norte de Puebla varía de pueblo a pueblo. En Xochitlán de Vicente Suárez, una población dedicada al cultivo del café y escondida entre las montañas, con una topografía parecida a la de Cuetzalan, las ofrendas tienen como elemento principal las imágenes de los santos del altar regular, además de las fotos de los fallecidos. Pero este arreglo varía entre las casas de los mestizos e indígenas.

Aquí, en una casa indígena, el altar-ofrenda ocupa varios metros cuadrados del espacio de la habitación principal, con una decoración imponente en la que se mezclan en profusión el *cempasúchitl* y las frutas cayendo en gajos desde tres columnas diferentes. La costumbre de poner la ofrenda es reforzada en la mayoría de los hogares, con la narración en estas fechas de leyendas por una persona mayor, transmitida oralmente, para así conservar la tradición.

Humberto Guerra, un joven poblano, relató una historia que su madre, doña Teresa Hernández de Guerra repite a su familia cada 2 de noviembre. Según doña Teresa, "al morir la esposa de un labrador, la hija mayor de éste, de apenas cuatro años de edad, quiso poner una ofrenda a su madre. Al llegar la fecha pidió dinero a su padre para comprar los artículos necesarios. Él se negó, pues no creía en la tradición, marchándose al campo a cortar leña.

"Después de comenzar su trabajo, el hombre empezó a escuchar murmullos de rezos con cada hachazo que daba.

"Para esto, ya que no tenía dinero con qué comprar, la niña salió al campo a buscar unas hierbas llamadas *elites* y con ellas hizo unas bolitas para formar la ofrenda. En lugar de veladoras encendió *ocotes* (madera recinosa).

"Mientras tanto, su padre que escuchaba cada vez más cerca los rezos, poco a poco vio aproximarse una procesión de almas contentas que pasaban frente a él cargadas de veladoras y flores, llevando además muchas de las ofrendas puestas en sus respectivos altares. Al ver esto, el labrador se acordó que su esposa siempre ponía una ofrenda y se preguntó si la veía. Al finalizar la procesión la vio pasar cerca de él, muy triste, llevando en sus manos solamente bolitas de *elite* y *ocotes* encendidos.

"El labrador se quedó maravillado ante la visión y corrió a su casa a preguntarle a su hija si había puesto una ofrenda. Ella le contó lo que había hecho para honrar la memoria de su madre, ratificando lo que el labrador había visto. A partir de ese momento él quedó convencido y se dijo 'De ahora en adelante trabajaré más, para ganar dinero y tener con qué poner la ofrenda' ".

XOCHITLAN DE VICENTE SUAREZ

The customs and styles of decorating altars in the *Sierra Norte* region of Puebla vary from town to town. Xochitlan de Vicente Suarez, hidden among the mountains and with a terrain similar to that of Cuetzalan, is a town dedicated to coffee production. Here the central elements in the offerings are pictures of the deceased and images of saints. This arrangement, however, differs between the homes of the mestizos and of indigenous people.

In an indigenous home, the altar-offering takes up to several square feet of space in the main room. It is decorated in grandiose style with an abundance of *cempasuchitl* and fruits overflowing from three different columns. The custom of erecting the offering is reinforced in most homes by the telling of legends by an elderly person, in order to keep the tradition alive.

Humberto Guerra, a young Pueblan, shares a story his mother, Teresa Hernandez de Guerra tells her family every November 2nd: "Upon the death of a certain farmer's wife, the eldest daughter, scarcely four years old, wanted to erect an offering in honor of her mother. When the time came she asked her father for money to buy the items needed. Since the father did not believe in this tradition, he refused and went out to cut firewood. After starting to work, he began to hear the murmur of praying with each blow of the ax. Meanwhile, the little girl had run out of money, so she went out into the fields to look for some herbs called *elites*. She made little balls and with these she made an offering. She lit *ocotes* (torch pine) in lieu of candles.

"Meanwhile, her father heard the praying get closer and closer. He then saw a procession of happy souls pass before him, all carrying candles and flowers and other offerings from their own altars. Upon seeing this, the farmer remembered that his wife would always erect an altar and wondered if he would see her. At the tail end of the procession he saw her approach and walk right by him. She was very sad and was carrying only little balls of *elite* and lit *ocotes*.

"The farmer was amazed at what he saw and ran to his house to ask his daughter if she had made an offering. She told him what she had done in memory of her mother, verifying what the farmer had witnessed. From then on he was convinced and vowed, 'from now on I will work harder to earn enough money to erect an offering.' "

Legends like this strengthen the tradition and beliefs that help maintain hope in an afterlife. In a way, they are the foundation for the way Mexicans express one of the biggest celebrations of the year: the annual return of the

Leyendas como la anterior afianzan las tradiciones y creencias que mantienen la esperanza de una vida en el más allá. Ellas son, en cierto modo, las bases sobre las que descansan las manifestaciones del pueblo mexicano en la celebración de una de las fiestas más grandes del país: el regreso anual de las almas de los difuntos para ser recibidas y atendidas con todos los honores que se merecen durante los días de muertos.

SAN GABRIEL CHILAC

San Gabriel Chilac tiene una cita especial con la muerte el primero y dos de noviembre de cada año. Sus pobladores acuden presurosos a esta reunión, durante la cual, la familia entera celebra el regreso, en espíritu, de los seres que se les adelantaron en el camino del más allá.

Desde diversos puntos del país y del extranjero, convergen los chileños a su lugar de origen para, en convivencia familiar, dar la bienvenida en sus hogares a las almas que acuden a recibir el respeto y cariño de ellos.

Al sureste de Tehuacán, la segunda ciudad en importancia del estado de Puebla, se encuentra San Gabriel Chilac, población de unos 60 mil habitantes, de origen nahua-popoloco, bilingües, quienes hablan nahua y español. Siguiendo la carretera 150, se hace el recorrido en dos horas y media, desde Puebla a San Gabriel Chilac.

souls of the deceased, to be welcomed and honored during the Day of the Dead.

SAN GABRIEL CHILAC

San Gabriel Chilac has a special date with death every year on November 1st and 2nd. Its residents eagerly attend this reunion, during which the entire family celebrates the spiritual return of loved ones who went ahead on the road to the afterlife.

From different parts of the country and abroad, natives of Chilac return to join their family in welcoming the souls that arrive to receive their love and respect.

San Gabriel Chilac is located to the southeast of Tehuacan and is the second most important city in the state of Puebla. It has a population of approximately sixty thousand residents with Nahuatl-Popoloco roots and who are bilingual, speaking Nahuatl as well as Spanish. It takes about two and a half hours to get from Puebla to San Gabriel Chilac on Highway 150.

The early settlers chose this region, blessed by nature with fertile soil and an abundance of water. They survived by growing high quality garlic with superior odor and taste, as well as tomatoes, corn, sugarcane, squash and other crops. The progress that the town has made is due in part to the unyielding work ethic of its people.

Los primeros pobladores escogieron un sitio privilegiado por la naturaleza con tierras fértiles y abundante agua. Han logrado su supervivencia cultivando ajo de alta calidad, inigualable por su olor y sabor, así como jitomate, maíz, caña de azúcar, calabaza y otros productos agrícolas. El progreso de este pueblo se debe principalmente a la infatigable laboriosidad de su gente.

Y, así como celebran su vida diaria con esfuerzo y dedicación— los hombres en el campo y en el comercio y las mujeres en el hogar cosiendo y bordando vestidos—, igualmente festejan a la muerte con fervor religioso y motivación íntima. Se dice que el chileño no le teme a la muerte, que más bien la ve como el inevitable paso hacia la eternidad y hacia una vida superior a la presente.

El sentido de dualidad que dan la vida y la muerte en este mundo y la seguridad de que la vida continúa en el más allá, están fuertemente arraigados en la mente y en el corazón de esta población sureña. La celebración de difuntos es sólo una oportunidad más para reconocer al Creador y revivir el recuerdo de los antepasados.

El ofrecimiento es, en esencia, una profunda expresión de amor. Esta expresión tan importante en el mexicano, se siente con mayor fuerza en comunidades como San Gabriel Chilac por estar alejadas de la influencia de las grandes ciudades, donde el modernismo tiende a alterar las tradiciones.

Se ora por los difuntos, se los recibe con todos los honores, construyendo altares con ofrendas especiales en las casas, para luego trasladar lo ofrendado al cementerio en un segundo acto de homenaje y convivencia con ellos. Es una entrega y compenetración espiritual y física, única en su manera de expresarse.

En San Gabriel Chilac, el día de los Fieles Difuntos comienza el 28 de octubre. Los familiares acuden al cementerio a ofrendar flores, veladoras e incienso a las almas que murieron sin auxilios espirituales o fuera de su casa o pueblo.

Los faeneros empiezan la limpieza del panteón, preparándolo para el gran día: el 2 de noviembre. Al aproximarse esta fecha, se van alistando los objetos que

Just as they celebrate their daily lives with hard work — men in the fields and in commerce and women at home making and embroidering dresses —they celebrate death with equal religious fervor and motivation. It is said that residents of Chilac are not afraid of death but rather they see it as an inevitable step towards eternity and towards a life that is superior to this one.

The sense of the duality of life and death in this world and the certainty that life will continue in the world beyond are firmly rooted in the hearts and minds of these people. The celebration of the dead is another opportunity to give recognition to the Creator and to relive the memory of our ancestors.

The offering is a profound expression of love. This expression that is so important to the Mexican people, is felt more strongly in communities like San Gabriel Chilac because of their distance away from the big cities, where modern trends tend to alter traditions.

Prayers are said for the deceased, who are welcomed with honor by constructing altars with special offerings at home. These offerings are later taken to the cemetery as a second act of homage and co-existence with the souls. It is a spiritual and physical surrender and communion, an unique form of expression.

In San Gabriel Chilac, All Saints Day begins on October 28th. Family members visit the cemetery to offer flowers, votive candles and incense to the souls of those who died without spiritual help or who were away from their homes.

The day laborers begin cleaning the cemetery in preparation for the big day on November 2nd. Items to be used to decorate the offering are prepared as the day approaches: candleholders, flower vases, serving trays, incense burners, candles made from bee wax, *petates* (floor mats), decorative papers, etc.

The placing of the offering begins on October 30th. Along with saints figures and saints in pictures, a long table is added to the altar, which is decorated with cutout paper, flower vases, bread, fruit, *copal*, and holy

servirán para adornar la ofrenda: candeleros, floreros, charolas, incensarios, sahumerios, velas (de miel mascada), petates, papeles, etcétera.

El 30 de octubre se levanta la ofrenda. Al altar, con sus santos, en bulto y cuadros, se le añade una mesa larga decorada con papel picado, floreros, pan, frutas, copal y agua bendita. Ceras, veladoras encendidas y lámparas de aceite añaden calor y color a las ofrendas.

A las 12 del día del 31 de octubre se reciben las almas de los niños, representadas en el altar-ofrenda, por los dulces, chocolates, juguetes y flores blancas. En el hogar se reúne toda la familia para convivir con los espíritus de sus difuntos. Aunque el ambiente es de quietud, se experimenta alegría y felicidad en la comunión espiritual con

water. Wax candles, votive candles and oil lamps add warmth and color to the offerings.

At midday on October 31st , the souls of the children are welcomed. They are each represented in the offerings of candy, chocolate, toys and white flowers. In their home, the entire family is present to be with the spirits of the deceased. Although the atmosphere is calm, happiness and joy can be felt in the spiritual communion with those who have arrived from *Ithuicac,* or Paradise. People from Chilac do not touch, eat, nor share items from the offering with the living. This is an offering exclusively for "them," the visiting souls.

The food offerings prepared for the adults are added on November 1st. Fruit and bread are placed in baskets

aquellos que llegan del Ithuicac o Paraíso. Los chileños no tocan, ni comen, ni convidan a los vivos a compartir de la ofrenda. Esta es un ofrecimiento exclusivo para "ellas", las almas visitantes.

El primero de noviembre se agregan las ofrendas de comida preparada para los adultos. Junto al altar-ofrenda se colocan canastas llenas de pan, plátano-macho, mandarinas, manzanas y guayabas. Se tapan con un mantelito o servilleta. Son varias las canastas que componen la ofrenda, una por cada difunto de la familia a quien se le da la bienvenida.

Antes de las 12 del día todo debe estar listo para que las almas inicien su "convivio". Si la ofrenda es "nueva", para alguien que falleció después del 3 de noviembre del año anterior, ésta reviste características imponentes, incluyendo ceras ataviadas con papel ensortijado.

along with plantains, tangerines, and guavas. Then, everything is covered by a small tablecloth or napkin. These offerings are made up of several baskets, one for each deceased family member being welcomed.

Everything must be ready before noon so that souls can begin their "get-together." If the offering is "new," for those who recently passed away after November 3rd of the previous year, it is decorated with an imposing style that includes candles adorned with paper ringlets.

The bells of the cemetery toll day and night as a "joyful and welcoming call" to those arriving souls. Senior citizens tell their families in their native Nahuatl language: "The souls are arriving and are now among us."

On this day of evocation and meditation, families get together in almost every home of San Gabriel Chilac. At 12:30 in the afternoon they pray the first rosary of the

Las campanas del cementerio tañen durante el día y la noche como un "llamado de alegría y bienvenida", a los que van llegando. Los mayores de edad comentan con su familia, en su lengua nahua: "Las almas están llegando y ya están entre nosotros".

En este día, que es particularmente de evocación y meditación, en casi todas las viviendas de San Gabriel Chilac la familia entera está reunida. A las doce y media de la tarde, rezan el primer rosario de la jornada, después de lo cual todos se sientan alrededor de la mesa a saborear los platillos especiales preparados por las mujeres de la familia. Ningún extraño que por cualquier razón toque la puerta de una de estas casas, se aleja sin antes haber sido invitado a compartir el pan de muerto, el mole y los tamales.

Por la noche se observa, en casi todas las casas, reflejada en los cristales de las ventanas, la luz dorada de las veladoras. Toda la familia vuelve a reunirse alrededor de la ofrenda a las ocho de la noche, para rezar el segundo rosario del día, acompañado con música religiosa del *armonio*. Mientras tanto, desde el atardecer, centenares de personas acuden al cementerio del pueblo para continuar la limpieza de las tumbas, observándose el fuego que consume las flores y pajas secas. Figuras que apresuradamente se deslizan, iluminadas con el fondo brillante de las llamas, limpian y mojan las tumbas de sus

day. Later, they all sit around the table to savor the special dishes prepared by the women in the family. No stranger, who for whatever reason knocks on the door of these homes, is allowed to leave without first sharing with them bread of the dead, *mole*, and *tamales*.

At night, the golden light of votive candles can be seen reflected in the windows of almost all the homes. The entire family gathers once again around the offering at eight o'clock at night to pray the second rosary of the day to the sound of religious music played on the *armonio* (small reed organ). At sunset, dozens of people start heading for the town cemetery to continue cleaning the tombs, burning the dry flowers and straw. Hurried shadows lit by the brilliant backdrop of the flames, wash and clean the tombs of their relatives in preparation for another phase of this spiritual reunion on the following day.

Several days in advance, at the entrance of the cemetery, painters erect temporary work shops in which they offer fresh paint for the crosses that have faded due to exposure to the sun and rain. Some people make requests for more elaborate paint jobs on the crosses, which are later carried back to the tombs by a family member by daybreak on November 2nd.

As soon as the sun rises on November 2nd, in a colorful display of human tenderness, the people of San

familiares, preparándolas para otro aspecto del reencuentro espiritual, al día siguiente.

Con varios días de anticipación, junto a la entrada del cementerio, algunos pintores instalan talleres provisionales donde se encargan de poner una nueva capa de pintura en las cruces cuyos colores se han desvanecido bajo la inclemencia del sol y la lluvia. Hay quienes encargan el embellecimiento de ellas con diseños especiales. Esas cruces serán llevadas a las tumbas por un miembro de la familia, el día de la vigilia en el panteón.

Tan pronto como amanece el 2 de noviembre, creando una visión de color y ternura humana, la gente de San Gabriel Chilac traslada sus ofrendas al cementerio, donde han construído casitas o enramadas llamadas *tlapancos*, hechas de carrizos o telas negras y moradas, para dar sombra a los muertos y a los vivos.

La ofrenda se coloca alrededor de la tumba o tumbas de los miembros de una sola familia las que generalmente están ubicadas una al lado de la otra. Las canastas, se ponen sobre los pequeños montículos de tierra o los bloques de cemento que son las tumbas y se las rodea de floreros, llenos de nardos, claveles, nubes, moco de pavo, garra de león, sin faltar el *cempasúchitl* con cuyos pétalos se cubren las tumbas. Muchas familias usan todavía la hoja fresca del plátano como mantel, sobre la cual acomodan más canastas.

Las flores multicolores, las velas encendidas, los pétalos esparcidos, todo en increíble profusión, sirven de escenario a un ritual cuyo misticismo se exalta con la música del *armonio*. Figuras arrodilladas en los marcos de los *tlapancos*, cubiertas las cabezas con rebozos, recorren con los dedos las cuentas del rosario, interrumpiendo sus rezos regularmente para regar agua bendita sobre las flores y esparcir el humo del copal sobre las tumbas.

A un costado del cementerio y entre las tumbas, se levanta un altar muy grande, decorado con coronas de flores naturales. Aquí, el sacerdote de una de las iglesias del lugar oficia una misa en memoria de los Fieles Difuntos del pueblo.

Y un poco más allá, sin quitar solemnidad al momento, alguien pide a un mariachi que le cante una canción al difunto. Para muchos, el concepto de la desaparición definitiva del ser humano no existe. Si bien es cierto, que la presencia física ha desaparecido, en cambio la espiritual continúa con ellos, particularmente en este día. Por lo tanto, brindan a la memoria del finado lo que más le gustaba en vida — y la música es uno de los mayores placeres del mexicano—. Además, se impone la razón de probar que no se olvidan de sus gustos.

Gabriel Chilac transfer their offerings to the cemetery where they have built little sheds, called *tlapancos*. These are made out of reeds or black and purple cloth to provide some shade for both the dead and the living who gather at the foot of the tomb.

The offering is placed around the tomb or tombs of deceased family members, generally located next to each other. The baskets are placed on top of the small mounds of earth or concrete slabs of each tomb and are surrounded by flower vases full of spikenards, gladiolas, carnations, and lion's paw, in addition to *cempasuchitl*, whose petals are used to cover the tombs. Many families still use fresh banana leaves as a tablecloth on which more baskets are placed.

The amazing abundance of multicolored flowers, lit candles, and scattered petals, serves as a stage for a ritual whose mysticism is heightened by the music of the *armonio* (harmonium). Human figures, kneeling on the edge of the *tlapancos*, their heads covered with shawls and their fingers caressing rosary beads, periodically interrupt their prayers to sprinkle holy water on the flowers and spread copal smoke over the tombs.

On one side of the cemetery and among the tombs, there is a very large altar decorated with crowns made from fresh flowers. Here, a priest from a local church gives mass in memory of the town's 'Faithful Deceased.'

A little bit further down, without breaking the air of solemnity, someone asks a mariachi to play a song for the deceased. For many, the concept of the final disappearance of a human being does not exist. While it is true that the physical presence has disappeared, it is believed the spiritual presence remains, especially on this day. Therefore, people offer the memory of the deceased the things they enjoyed most in life, music being one of the things that brings the greatest pleasure to the Mexican people. Furthermore, personal tastes are also remembered.

Everyone recalls their beloved deceased in one way or another; either in a somber or festive way. They shower them with prayers or with music. It is also important to remember them through masses, rosaries and prayers.

While at daybreak only a few figures appear headed to the cemetery carrying flowers, incense, votive candles and baskets; by mid-morning there is a mass of people hurrying to place their offerings on the tombs that act as tables around which the "get-together" takes place. The air is clean and transparent and everything dazzles under the intense blue sky where clouds form puffy

Todos recuerdan a sus difuntos de una u otra manera, en forma sobria o festiva lo agasajan con oraciones o con música, sin omitir que también es importante recordarlos a través de misas, rosarios y oraciones.

Las pocas figuras que al amanecer comienzan a desfilar por el cementerio cargadas de floreros, incienso, veladoras, cruces y canastas, a la mitad de la mañana se convierten en una muchedumbre que camina apresuradamente con el objeto de colocar sus ofrendas sobre las tumbas convertidas en mesas, alrededor de las cual se realiza el "convivio".

El aire es limpio y transparente y todo se torna alucinante bajo el azul intenso de un cielo donde la nubes forman volubles figuras blancas; el camposanto es una planicie cubierta de *tlapancos* dentro de los que estallan colores, aromas, oraciones y música.

Al dar las doce del día, según la creencia, las almas toman el camino de regreso hacia su lugar de descanso. Sólo entonces, comienza el convite de los deudos, contentos de haber tenido con sus difuntos una nueva comunión espiritual. Y en la calma que sigue a la euforia, se siente de pronto la total intensidad del ritmo de la música del danzón que durante toda la mañana ha estado interpretando una banda a la entrada del panteón. Tal parece que la sangre circulara con mayor fuerza; después de todo, la vida es buena y hay que vivirla plenamente.

La muerte, envuelta en su transparente capa de misterio, se desvanece con el humo del sahumerio. Horas más tarde los habitantes de San Gabriel Chilac se alejan del cementerio con un diferente estado de conciencia, por un camino al parecer más ancho. Pero volverán el siguiente año. Volverán año tras año a convivir con las almas de sus seres queridos, hasta que finalmente sean ellos los homenajeados.

HUAQUECHULA

La carretera que conduce desde la capital poblana a Acatlán de Osorio, hacia el sur, cruza terrenos fértiles y áridos, a la vez que por poblaciones grandes y pequeñas. Una de éstas, famosa por las magníficas ofrendas que elaboran durante la Fiesta de los Muertos, es Huaquechula, a 53 km. de Puebla. Huaquechula que en la actualidad es cabecera de municipio fue, hasta la época de la Revolución, una comunidad agrícola muy próspera, pero se vino a menos debido a la destrucción de las haciendas como consecuencia de ese conflicto armado.

En esta población se presentan altares espectaculares. Los hacen de varios metros de altura confeccionados exclusivamente con tela blanca, tienen columnas y dis-

white figures. The cemetery is covered by *tlapancos* bursting with color, aroma, prayer, and music.

At noon, according to tradition, the souls embark on the trip back to paradise. Only then, does the feast begin for the relatives, satisfied with having renewed their spiritual communion with deceased loved ones. And in the quiet that follows the euphoria, the total rhythm intensity of the *danzon* (a Cuban dance) music, that the band has been playing all morning at the entrance of the cemetery, takes over. It is as if blood flows with a greater force, and that life is good and must be lived to the fullest.

Death, wrapped in its transparent cape of mystery, vanishes with the smoke of incense. Hours later, residents of San Gabriel Chilac leave the cemetery in a different state of consciousness, through a road that somehow seems wider. They will return next year, however, and every year after that, to spend time with the souls of their loved ones, until it is finally they themselves who are honored.

HUAQUECHULA

The road that leads from the capital of Puebla to Acatlan de Osorio towards the south, crosses both fertile and arid fields, as well as small and big towns. One of these towns, famous for the magnificent offerings made during the Festival of the Dead, is Huaquechula, 33 miles from Puebla. Huaquechula is currently the head of the municipality, but in the previous centuries and up until the Revolution, it had a very prosperous agricultural community. Its decline occurred as a consequence of the destruction of *haciendas*, or plantations, during the armed conflicts of the Revolution. In this town, there are spectacular altars. Measuring several feet tall and decorated only with white cloth, the altars in this town have columns and different sections in which candles, flowers, and small angel statues with mournful expressions are placed. On the first level of the altar, enough food for a feast is placed. Residents of Huaquechula celebrate the first year of the passing of a family member with this style of altar for the dead. This design originated in the Colonial period, duplicated after memorials that were erected during the Eucharist in Catholic churches. Back then, the altars were covered with layers of curtains that protected the Holy Host. This inspired the residents of Huaquechula to decorate their altar-monuments of their dead in a similar fashion.

Huaquechula altars are quite beautiful and represent, to a certain extent, the baroque aspect of Mexican

tintos cuerpos en los que se colocan candelabros, flores y estatuas pequeñas de ángeles en actitud afligida. En el primer nivel del altar se pone suficiente comida como para un banquete.

Con este estilo de altares de muertos, los residentes de Huaquechula celebran el primer año del fallecimiento de un familiar. El diseño se originó en la época de la Colonia, pues son copias de monumentos que el Jueves Santo se levantaban a la Eucaristía en las iglesias católicas, cubriéndolas con una serie de cortinajes para guardar la hostia consagrada. De ahí tomaron la idea los habitantes de Huaquechula para decorar los altares-monumentos a sus muertos.

Los altares de Huaquechula son hermosos y representan en cierto grado lo que hay de barroco en la personalidad del mexicano. Llegan a verlos visitantes de toda la república para admirar la elaboración de sus altares de muertos, tan diferentes a los del resto del país. Para sus habitantes es obligación ineludible engalanarlos en la mejor forma posible. Es interesante anotar que una buena parte de los habitantes de esta población trabaja en los Estados Unidos, concentrándose en el área de Chicago. Estos emigrantes, al aproximarse la fecha de la

artistic character. For its inhabitants it is an unavoidable obligation to adorn altars in the best possible way. It is interesting to note that a significant portion of the inhabitants of this town work in the United States mainly in the Chicago area. As the day of the Festival of the Dead nears, these emigrants return to Huaquechula bringing Christmas ornaments such as lights and garlands to place on the altars of the recently deceased.

People open their homes to visitors during this celebration, who generally arrive with two *cirios* (big candles) as a contribution to the vigil. Part of the ritual consists of asking the owner for details of the individual's death, as well as praising the appearance and design of the altar. This interest obliges the host, in reciprocity, to ask the visitor to stay and savor some hot chocolate and *bolillos* (bread). In some cases, the table is set for the feast, in adjoining rooms. In other cases, the table is placed in a corner of the same room where the memorial-altar has been erected.

Visitors from all over Mexico go to Huaquechula to admire the construction of altars to the dead that are so different from those found in other parts of the country.

Fiesta de Muertos, regresan a Huaquechula llevando luces eléctricas y guirnaldas que se usan como adornos navideños, para incorporarlas al altar del deudo fallecido durante ese año.

En esta celebración las casas se abren para recibir a los visitantes, quienes generalmente llegan con dos cirios grandes como contribución a la velación. Parte del ritual consiste en preguntar al dueño de la casa los pormenores del fallecimiento y en alabar la presentación y elaboración del altar. Este interés obliga, en reciprocidad, a la invitación para quedarse a saborear una taza de chocolate caliente, acompañado de bolillos. En unos casos, se puede observar en una habitación aledaña la mesa puesta para el convite, en otros, la mesa está colocada en una esquina de la misma habitación donde se levanta el monumento-ofrenda.

YAZACATLÁN DE BRAVO

Uno de los pueblos mixtecas aledaños a Acatlán de Osorio, en el sur del estado de Puebla, donde las ofrendas tienen significado y diseño diferentes, es Yazacatlán de Bravo. La palabra "mixteca" quiere decir "gente de las nubes". Según la leyenda, los primeros habitantes vivían en las nubes, pero llegaron a multiplicarse tanto que las abarrotaron. Cada vez que había un claro en ellas, se asomaban y veían la tierra deshabitada, pero llena de vegetación y de ríos. Pero las nubes estaban tan altas que no podían bajar, por lo que uno de los dioses dejó caer en la tierra una semilla de la que creció un árbol sumamente alto. Por él los mixtecas bajaron a colonizar la tierra.

Las ofrendas en este pueblo mixteca llegan a ocupar toda una habitación. El altar con sus múltiples aderezos se coloca en la planta baja de la casa. La comida preparada, las frutas, las legumbres, los dulces y las tortillas están protegidos por un cerco de velas amarillas de más de un metro de altura. Las ofrendas se retiran el 9 de noviembre. La noche del primero, en muchos de los hogares, siguiendo la costumbre, se preparan canastas con lo mejor que hay en el altar y las colocan a un costado de éste, listas para que las almas pasen y se las lleven. De esa manera, les ahorran el esfuerzo de tener que prepararlas ellas mismas.

ACATLÁN DE OSORIO

Acatlán de Osorio, "Lugar de Cañas", es una población con muchas tradiciones. Está ubicado en la región mixteca, al sureste y a 154 km de la ciudad de Puebla, en lo que se conoce como la ruta turística del aguacate.

La Fiesta de Muertos se inicia en los hogares con los preparativos de las ofrendas individuales que se colocan

YAZACATLAN DE BRAVO

Yazacatlan de Bravo is one of the neighboring *Mixteca* towns of Acatlan de Osorio, in the southern part of the state of Puebla. Here, the offerings have a different design and significance. The word *Mixteca* means "people of the clouds." According to legend, the first inhabitants lived in the clouds but they multiplied so much that the clouds became overcrowded. Every time there was a clearing in between the clouds they could look down upon the earth and see that the earth was uninhabited and full of vegetation and rivers. The clouds were so high, however, that they could not come down to earth. One of the gods then dropped a seed down to earth, which grew into the tallest tree. The *Mixtecas* used this tree to come down and colonize the earth.

Offerings in this *Mixteca* town can fill an entire room. The altar and its multiple components are placed on the ground floor of the home. Cooked food, fruit, vegetables, candy and tortillas, are protected by a wall of yellow candles that are more than three feet tall. The offerings are removed on November 9th. On the night of the 1st, in many homes abiding by tradition, baskets are prepared with the best that the altar has to offer and placed alongside the altar for souls to pick up as they pass by. This saves the souls the effort of having to prepare them.

ACATLAN DE OSORIO

Acatlan de Osorio, "Place of the Sugarcanes," is a town with many traditions. It is located in the *Mixteca* region 96 miles southeast of the city of Puebla on the so-called "avocado scenic route." The Festival of the Dead begins with the preparation of individual offerings to be placed on the altar which welcomes the souls, inviting them to enjoy the delights before proceeding to the cemetery. In Acatlan de Osorio the vigil begins around ten o'clock on November 1st. During this time, family members, carrying flowers and candles, walk briskly to the cemetery as if afraid to miss an important appointment. Once they arrive at the tombs of their loved ones, this agitation suddenly disappears as if by magic. Calmly and almost in unison, under candlelight and the occasional silver rays of a looming full moon, they begin to lay down blankets of flowers on top of the tombs.

The feelings of respect, the concentration on memories, and the love of the participants of this ceremony are so intense that they practically take a physical form. With heads bowed and shoulders barely touching as they scatter flower petals on the ground, under the flickering

en el altar y la bienvenida a las ánimas para que disfruten de los manjares y luego continúa en el cementerio del pueblo. En Acatlán de Osorio la velación en el camposanto comienza alrededor de las diez de la noche del primero de noviembre. Durante horas enteras desfilan los familiares cargados de flores y veladoras. El paso es apresurado, como si temiesen perder una cita muy importante, pero una vez que llegan hasta las tumbas de sus familiares, la agitación desaparece como por encanto y tranquilamente, casi con unción, comienzan a formar tapetes de flores sobre ellas, alumbrados por los cirios y en ocasiones bañados por la luz de plata de una enorme luna llena.

El respeto, la concentración en los recuerdos y el amor de los participantes de esta ceremonia son tan intensos que, prácticamente, toman forma física. Con la cabeza inclinada, los hombros rozándose suavemente

light of the candles, they exude sharp feelings of pain from which it is difficult to escape. Truly, this is a festival of love and memories.

As the hours pass, the cemetery becomes more illuminated until it becomes a blanket of lit candles where human figures become more faint as the light intensifies.

Love and memories are shared in the long hours of vigil and spiritual solidarity. If by chance a tomb has no one tending to it, there is always someone who will lend a generous hand to leave a yellow *cempasuchitl* flower as a symbol of spiritual solidarity.

The festival continues until the following day. The parade of family members is relentless and music arrives around three in the afternoon when the town's dancers arrive at the cemetery to perform the Dance of the *Tehuanes*.

Family members have welcomed and sheltered the

con los de los demás al ir depositando pétalos de flores sobre la tierra bajo la oscilante luz de las velas, proyectan un agudo sentimiento de dolor del cual es difícil escapar. ¡Ésta es en verdad, una fiesta de amor y de recuerdos!

A medida que transcurren las horas, el cementerio va alumbrándose hasta quedar convertido en un manto de velas encendidas, donde las figuras humanas se hacen cada vez más difusas a medida que aumenta la intensidad de la luz.

souls of their beloved dead with a banquet. They have shared news of the family and the town. They have enjoyed this spiritual visit until the time comes for the souls to leave. For this farewell ceremony, the entire family gathers around the altar to say goodbye until the following year. If the souls refuse to leave, the *Tehuanes* walk the streets enticing them to leave the homes and lead them to the cemetery and their resting place. The Dance of the *Tehuanes*, which in Nahuatl means "strong

El amor y los recuerdos se comparten en largas horas de vigilia y solidaridad espiritual. Si sucede que alguna tumba no tiene alguien que la atienda, siempre hay una mano generosa que se extiende para dejar en ella la flor amarilla de *cempasúchitl*, en un símbolo de solidaridad espiritual.

La fiesta continúa al día siguiente. El desfile de familiares no se detiene y la música se hace presente alrededor de las tres de la tarde, cuando los bailarines del pueblo llegan al cementerio para ejecutar la danza de los Tehuanes.

Los familiares han recibido y han dado albergue a las almas de sus muertos con un banquete; les han conversado las novedades de la familia y del pueblo; han disfrutado de su compañía espiritual. Llega la hora en que las almas deben partir. Para la ceremonia de despedida, la familia se reúne alrededor del altar y les dicen adiós, hasta el año siguiente. En caso de que las almas se nieguen a partir, los Tehuanes recorren las calles del pueblo invitándolas a salir de los hogares y las conducen hasta el cementerio, para que de ahí continúen a su lugar de reposo. La danza de los tehuanes, que en nahua significa "hombre fuerte y tenaz como una fiera", como se conoce en la actualidad, se originó alrededor de 1800 y ha perdurado como parte del folklore local. A fines del siglo XVIII y comienzos del siglo XIX existían grandes haciendas y según cuentan, los hacendados más ricos de esta región eran el Viejo Lucas y el Viejo Morales, los protagonistas de la danza.

La danza se ejecuta el 2 de noviembre y comienza en el camposanto donde Lucas y Morales conducen a los danzantes hasta la tumba de un fallecido a quien desean homenajear, hacen el ofrecimiento y continúan el baile afuera del cementerio hasta alrededor de las 6:30 de la tarde. Durante el desarrollo de la danza, se narra en sones alegres, la caza de un tigre que mataba el ganado de ambos hacendados. En el zócalo del pueblo los danzantes ejecutan la parte final que corresponde a la muerte del tigre.

El 3 de noviembre el cementerio de Acatlán de Osorio es un campo cubierto de pétalos de flores rojas y amarillas. Estos colores se mezclan en forma vibrante con los de los pequeños mausoleos pintados en azul, verde y rosa.

El sol brilla, el aire es limpio y huele a tierra perfumada; el silencio reina nuevamente en este lugar de paz y de descanso. La fiesta ha terminado. A lo lejos se escucha el canto de los gallos y el sonido de una melodía, a lo lejos... en tanto que los *macehuallis*, los que estamos haciendo méritos, continuaremos recorriendo nuestros caminos hasta que nos llegue el momento de cruzar el *Chignahuapan*, el río que separa a la vida de la muerte.

and tenacious wild beast," originated in its current form around 1800 and has persisted in the local folklore. In the latter part of the 18th century and beginning of the 19th century, there were vast plantations and, by some accounts, some of the wealthiest landowners of the region were Old Man Lucas and Old Man Morales, two main characters in the dance.

The dance is performed on November 2nd beginning at the cemetery where Lucas and Morales lead the dancers up to the tomb of the deceased person they want to honor. They make their offering and the dance continues outside the cemetery until around 6:30 in the evening. As the dance progresses, it tells of the hunt for a tiger that killed the cattle of both landowners.

The dancers then proceed downtown to the *zocalo*, or central plaza, where they perform the final portion of the dance, referring to the tiger's death. On November 3rd, the cemetery in Acatlan de Osorio is a field covered with red and yellow flower petals. These colors blend vibrantly with the blue, green and pink of the small mausoleums.

The sun shines, the air is clean and smells fresh; silence reigns once again in this place of peace and rest. The festival has ended. At a distance, the crowing of roosters and a melody are heard. Meanwhile, the *macehuallis*, "those of us who are still paying our dues," continue to travel on our path until the time comes for us to cross the *Chignahuapan*, the river separating life from death.

Tlaxcala

Tlaxcala es el estado más pequeño de la República Mexicana. Su capital está localizada a 120 km. de la Ciudad de México y a 38 km. de la ciudad de Puebla. Limita al noroeste con el estado de Hidalgo, al oeste con el de México, y el resto lo rodea el estado de Puebla. Desde la ciudad de Puebla hasta Tlaxcala, ciudad capital del estado del mismo nombre, hay una distancia de media hora de viaje por carretera.

La historia del estado está plasmada brillantemente en más de 450 metros de muros en el Palacio de Gobierno que el pintor Desiderio Hernández Xochitiotzin ha ocupado para narrar las diferentes etapas de su desarrollo político, económico y social.

A la llegada de Hernán Cortés a las costas de México en 1519, la antigua República de Tlaxcallán se dividía en los señoríos mayores de Iepeticpac, Ocotelulco, Quiahuixtlán y Tizatlán. Después de enfrentarse a los cuatro ejércitos confederados, encabezado por Xicohténcatl el Joven, el 23 de septiembre de 1519 Cortés pactó una alianza militar, que lo ayudó a tomar Tenochtitlán dos años más tarde.

Tlaxcala is the smallest state in Mexico. The capital is located 74 miles from Mexico City and 24 miles from the city of Puebla. Its boundaries are: Hidalgo to the Northeast, the State of Mexico to the West, and Puebla which surrounds the rest of its territory. From the city of Puebla to the city of Tlaxcala, capital of the state of Tlaxcala, it is a half-hour drive.

The history of the state of Tlaxcala is brilliantly depicted in over 1,400 feet of murals, located at the government building in the capital city of the same name. The murals were painted by Desiderio Hernandez Xochitiotzin, whose work narrates the different phases of Tlaxcala's political, economic, and social development.

The ancient *Tlaxcallan* Republic was divided into the main *senorios* (realms) of Tepeticpac, Ocotelulco, Quiahuixtlan and Tizatlan. During this same period in 1519, Hernan Cortes was making his arrival to the coast of Mexico. After fighting the four confederate armies led by the young Xicohtencatl, Cortes formed a military alliance with Tlaxcalan natives on September 23, 1519. This alliance helped him to conquer Tenochtitlan two years later.

México

Océano Pacífico

Golfo de México

TLAXCALA

Tlaxco

Atlihuetzia

Apizaco

CITY OF/CIUDAD DE
TLAXCALA

Totolac

Cacaxtla

Huamantla

PUEBLA

DESHOJANDO
EL *CEMPASÚCHITL*

¿Quién deshoja nuestras flores?
Amores
Las manos que las deshacen
Renacen
Entre ellas suspira en calma
el Alma
Y es la sangre la que ensalma
y cura nuestro dolor
que entre pétalos de flor
amores renacen almas.

Julie Sopetrán, 2001
Poetisa española

PLUCKING PETALS FROM
THE *CEMPASUCHITL*

Who's been plucking petals from our flowers?
Loves
The hands that pick them
Enliven
Peacefully sighs among them
the Soul
And it's the blood that heals
and stops our pain
that among flower petals
loves revive souls.

Julie Sopetran, 2001
Spanish Poet

La Ofrenda en Tlaxcala es una comunión espiritual de la vida con la muerte

La ofrenda es un ritual milenario que pone en comunión espiritual a los vivos con los muertos. Una vez al año, durante el Día de Muertos, parientes y amigos de los fieles difuntos ofrecen un banquete a las almas de los fallecidos. A este acto se le nombra la ofrenda. Esta ceremonia tradicional que se celebra tanto en los hogares como en los panteones, mantiene vivo el vínculo de relación entre las almas de aquí y las del más allá.

Concurso de ofrendas en Tlaxcala

Ciudad tranquila, con las fachadas de sus edificios pintadas en varias tonalidades rojizas, Tlaxcala realiza anualmente, desde hace más de cuarenta años, un concurso de ofrendas, que se originó gracias a una exhibición de artesanía tlaxcalteca, en la que se incluyeron varios tapetes alusivos a diferentes ciudades, al igual que una muestra de la ofrenda.

Al año siguiente de la exhibición surgió la idea de realizar un concurso estatal para lograr que individuos y organizaciones se interesaran en la investigación de la riqueza de esta fiesta tradicional.

Al comienzo, se elaboraban las ofrendas sin sujetarse a los aspectos autóctonos de la región. Pero luego se logró eliminar la afectación de los participantes, quienes poco a poco fueron expresándose como genuinos artistas, conocedores de la tradición. Ellos se dedicaron a investigar la trayectoria histórica de la ofrenda, para aplicar su conocimiento e ingenio a motivos locales y personales.

Así es como, prácticamente, se ha creado una escuela para esta actividad tradicional. La ofrenda es un ritual que pertenece a la religiosidad popular. Es un acto que tiene una validez mística donde el sacerdote es el más anciano de la casa, quien se encarga de levantar la ofrenda, según una explicación del maestro Desiderio Hernández Xochitiotzin, conocido pintor tlaxcalteca y cronista de la ciudad, quien comparte los fundamentos tradicionales que le dan validez a la ofrenda.

De todos los actos que celebran el Día de Muertos, es tal vez en la ceremonia de la ofrenda donde se manifiesta más marcadamente el sincretismo de las culturas hispana e indígena. "Lo único que hicieron los frailes españoles, durante la época de la Colonia, fue cristianizar o bautizar a los nativos para tratar de suprimir sus cultos y sus dioses. Pero lo que pudo sobrevivir, sobrevivió", dice él el maestro Desiderio Hernández Xochitiotzin al señalar las ofrendas.

The Offering in Tlaxcala is a spiritual communion between life and death

Day of the Dead offerings are millenarian rituals that reunite the living with the dead. Each year, relatives and friends of the deceased offer a banquet in honor of the departed with a traditional ceremony known as the *Ofrenda* (Offering). It is celebrated in homes as well as in cemeteries, and is considered the link between the souls living in this world and those from beyond.

Offering contest in Tlaxcala

Tlaxcala is a quiet city, with a multitude of reddish-toned buildings. This capital city has been holding an annual contest of *ofrendas* for the past forty years. This custom originated as a Tlaxcalan crafts exhibition, which once included rugs from different cities and samples of *ofrendas*. The following year after the initial exhibit, a statewide contest was held in order to encourage interest from individuals as well as organizations, to research the value and richness of this traditional celebration.

At first, the *ofrendas* were created without cultural ties to the indigenous aspects of the region. Later on, the bias was eliminated as participants began to express themselves as artists knowledgeable of the traditions and committed to discovering the historical development of the offering and applying this knowledge and creativity to express local and personal causes.

This is how the cultural standards evolved for this annual competition. As a religious ritual that is part of the mass culture, the offering is a deed with a mystic reality where the eldest in the home is like a priest who is responsible for procuring the offering. This is how painter Desiderio Hernandez Xochitiotzin, well known Tlaxcalan artist and city historian, conveys the fundamental traditions which validate the offering.

Of all the activities celebrated on the Day of the Dead, the ceremony of the *ofrenda* is perhaps the greatest manifestation of the amalgamation of the Hispanic and the indigenous cultures. "The principal accomplishment of the Spanish priests during the Colonial period was to Christianize, or baptize, the natives as a way to suppress the cult to their gods. But all that could survive, survived," explains painter Desiderio Hernandez Xochitiotzin as he points to the *ofrenda*.

The offering must also contain natural elements such as flowers, various fruits, *pan de muerto* or *hojaldras* (seasonal breads), and turkey *mole*; all which must be consumed in their entirety. The offering is picked up by

Ésta debe contar con elementos naturales como flores, una variedad de frutas frescas, el pan de muerto (*hojaldras*) y el mole de guajolote, los cuales deben consumirse totalmente. El día 2 de noviembre se levanta la ofrenda y hay un intercambio de ellas entre compadres y amigos y entre casa y casa. Quienes participan en el intercambio consumen lo ofrecido. Este acto de consumo es el rito en el cual reside la comunión espiritual entre las almas de este mundo y del otro.

CARACTERÍSTICAS DE LAS OFRENDAS

El concurso que se realiza en la ciudad de Tlaxcala está dividido en tres grandes grupos.

El primero es el tlaxcalteca, que corresponde al centro del estado con su cultura nahua, o sea la cultura de los cuatro señoríos: Tepeticpac, Ocotelulco, Quiahuiztlán y Tizatlán, que estuvo en las cercanías de la actual capital.

Este grupo se caracteriza por lo siguiente: la ofrenda se hace en una mesa que se cubre con un mantel blanco con adornos rojos. El rojo y el blanco son los colores de la bandera de Tlaxcala. Hay en la mesa abundancia de pan de muerto y se adorna con flor del *cempasúchitl* y la tradicional lámpara de aceite. La lámpara de la ofrenda familiar se enciende con la flama traída desde el Sagrario de la iglesia parroquial.

El agua es otro aspecto significativo. Se llenan tres o cuatro vasitos, uno con agua potable, otro con agua bendita de la iglesia, el tercero con agua del pocito de Ocotlán, que es agua milagrosa de la Virgen de Ocotlán y el cuarto, a voluntad, está dedicado a San Miguel del Milagro, segundo patrón de la diócesis.

Incienso y copal aromatizan el ambiente. En el uso de las imágenes sobresale la Virgen de Ocotlán, patrona de la diócesis. También está allí San Francisco, cuya presencia centenaria caracteriza a esta región. En cuanto a la comida, el plato típico es el mole de guajolote. La calabaza es indispensable y se sirve en varias formas: fresca del campo y cruda, asada y horneada llamada "en tacha", y la molida y presentada en forma de dulces condimentados.

El segundo grupo es el Ixtenco, de los otomí. La ofrenda de este grupo, difiere en que se la puede hacer simplemente sobre el piso si no hay una mesa. Cuando va en el suelo, se esparce la hoja de ocote (pino), llamada *ocoshal* y sobre ésta, ponen un petate de tule o de palma, siempre nuevo. Lo que no puede faltar entre los otomí es el mole de guajolote, la tortilla y la pizca del maíz azul. Cuando la ofrenda está sobre una mesa, debajo de ésta se ponen las primeras remesas del nuevo maíz del año. Aquí usan la penca del maguey

relatives and friends on November 2nd, who exchange these items from home to home. Those who participate in the exchange, consume everything offered. This act of consumption is a ritual of spiritual communion between souls of this world and the afterlife.

CHARACTERISTICS OF THE OFFERING

The *ofrenda* contest in the city of Tlaxcala is divided into three main categories.

The first category is the Tlaxcalan offering that belongs to the middle part of the state with its Nahuatl culture, or culture of the four *señorios*: Tepeticpac, Ocotelulco, Quiahuiztlan and Tizatlan; located near the current capital.

These offerings are set on a table covered by a white tablecloth with red decorations. The colors of the Tlaxcala state flag are white and red. The table includes plenty of *pan de muerto* (Day of the Dead bread), *cempasuchitl* flowers, and the traditional oil lamp. The lamp is used for the family offering and is lit by the flame brought from the shrine of the parish church.

Water is also significant. Three or four small glasses are used. One is filled with drinking water and another with holy water from the church. A third is filled with water from the little well of Ocotlan, which is considered to be the miraculous water from the Lady of Ocotlan. The fourth is optional. It is dedicated to *San Miguel del Milagro* (Saint Michael of Miracles), the second patron saint of the local diocese.

The scent of incense and *copal* perfume the environment. In the decoration, the image of the Virgin of Ocotlan, the patron saint of the diocese, is always a favorite. The centennial presence of *San Francisco* (Saint Francis) is also a noted characteristic of the region. The typical food dish is turkey *mole* as well as squash, which is served in three different ways. It is harvested from the fields and served raw, or grilled and *en tacha* (oven-baked), or it is ground and presented in candy-like shapes.

The second competition category represents the area of Ixtenco of the Otomi. The offering of this group is different. If a table is not available, it is arranged on the floor. When the floor is used, leaves from the *ocote* (pine tree), called *ocoshal*, are spread all over, then covered with a new *petate* (sleeping mat) made from *tule* or palm leaf. The Otomi must have the turkey *mole*, *tortillas*, and newly harvested blue corn. When the offering is placed on a table, the first of the newly harvested corn is placed underneath. Maguey

como candeleros, en las que hacen un orificio para colocar la vela.

Al recorrer Ixtenco y Huamantla se nota que en estas dos poblaciones elaboran una especie de cadena hecha con la flor del *cempasúchitl*, la que cuelgan como guirnalda en la parte superior de las puertas de las casas dándole la forma redondeada de una cortina. Y, al igual que en otros lugares, se marca el camino desde la calle hasta el hogar con pétalos de *cempasúchitl*.

El tercer grupo es el Tlaxcala. Se lo denomina cotidiano o urbano y se caracteriza por su simplicidad y sobriedad. Este grupo ofrece algunas variantes que nada tienen de litúrgico, como motivos familiares o arte popular y, por supuesto, alguna pieza relacionada con el difunto.

UN POCO DE HISTORIA

Si bien es cierto que las tradiciones antiguas han sobrevivido 500 años de catolicismo, éstas no guardan su pureza original, pero aún mantienen su carácter fundamental. De investigaciones realizadas sobre esta tradición, se concluye que los antepasados indígenas religiosamente rendían culto al espíritu. Se ha establecido que los aztecas efectuaban ceremonias dedicadas a las almas de los niños en el noveno mes de su calendario llamado *Micailhuitontli* y a la de los adultos en el décimo mes llamado *Hey miccailhuitl*.

En las ceremonias se incluían bailes como homenaje al espíritu de los fallecidos. A las almas de los adultos se les ofrendaba en el templo la comida, acompañada de cantos y llantos. Estos cuarenta días de recordación de los muertos en la época prehispánica es semejante al culto que actualmente se rinde durante todo el mes de mayo a la Virgen María. Aquellos cuarenta días fueron luego adaptados a la liturgia cristiana y reducidos a dos días, el primero y dos de noviembre, como el Día de Todos los Santos y el Día de los Fieles Difuntos. Pero se han hallado razones para añadir varios días a esta celebración. Así, dentro de

plants serve as the candleholders. Holes are made to place the candles upright.

Upon visiting Ixtenco and Huamantla, it is apparent that these two communities make a garland out of *cempasuchitl* flowers that hang above the main door of the home like a curtain. A pathway from the street to the home is marked by petals from the *cempasuchitl* flower; similar to other communities within this region.

The third category represents the Tlaxcala group considered to be urban and characterized by it's simplicity and seriousness. This group shows variants which are not liturgical, such as familiar motifs or folk art, and most certainly related to the departed.

A BIT OF HISTORY

If indeed it is true that some ancient traditions have survived 500 years of Catholic influence, it is also true that the original purity was lost while fundamental characteristics remain. Research documents that the indigenous ancestors worshipped the spirit. It has been discovered that on the ninth month of the Aztec calendar, known as *Micailhuitontli*, there were ceremonies held in honor of the souls of children. In the tenth month, known as *Hey miccailhuitl*, the souls of the adults were honored.

Dances to revere the spirits of the departed were also included in these ceremonies. Food, as well as songs and cries of mourning, for the souls of the adults, were offered at the temple. These forty days of remembrance for the dead in the pre-Hispanic calendar are similar to the current period of worship to the Virgin Mary during the month of May. The forty days were later adapted to Christian liturgy and reduced to two days: November 1st and 2nd. known as All Saints Day and the Day of the Dead. In spite of this, there have been many reasons to increase days to the celebration. According to popular religious

las creencias de la religiosidad popular, el 28 de octubre se recuerda a los accidentados, se enflora con flor de terciopelo o *moco de guajolote* los lugares donde fallecieron, generalmente a los costados de caminos y carreteras. El 29 se dedica a los los niños muertos sin bautizar — niños de limbo—. El 30 a los difuntos niños. El 31 de octubre a las almas olvidadas. El primero de noviembre a los difuntos adultos y el 2 de noviembre se recuerdan todas las almas. A las 12:00 horas se prende el incensario y cuando se apaga el sahumerio con incienso termina la ceremonia.

En cuanto a la religiosidad litúrgica, lo que la mayoría de la gente celebra, el primero de noviembre se dedica a Todos Santos, recordando a las almas de los que están en la gloria y el 2 de noviembre a los Fieles Difuntos, en los que se honra las almas de los que se consideran están en el purgatorio.

"Ese mundo de unos y otros ha logrado sobrevivir porque hay un parentesco espiritual. En el mundo prehispánico se decía que 'los seres humanos morían para nacer a la eternidad'. Morían como criaturas humanas para nacer como criaturas divinas, por eso a nadie le asustaba morir", comenta el maestro y muralista Desiderio Hernández Xochitiotzin y agrega: "todas las noches tenemos el ensayo de la muerte y todos los días ensayamos, al despertar, la resurrección. Esto se nos ha olvidado por el materialismo que nos rodea. Dios, en su gran sabiduría, no nos esconde nada, nos enseña bien las cosas por eso decimos que hemos nacido para morir. Lo único notable que tiene el hombre es nacer y morir y los antiguos lo entendieron muy bien". De modo que es la coincidencia espiritual de unos y otros lo que ha hecho que los valores autóctonos sobrevivan en un mundo que se tornó en cristiano con la llegada de los conquistadores.

EL CAMINO DE LOS MUERTOS

En la mitología prehispánica hay un capítulo muy especial que es conocido como el Camino de los Muertos. Este camino está marcado con nueve días, nueve épocas

beliefs, those who died in accidents are remembered on October 28th. Members of their families make flower arrangements with *moco de guajolote* (red velvety flowers), on the sites where they died by the roads. On October 29th, they remember children in limbo (children who were not baptized), and on the 30th, the children who were baptized. On October 31st, the "Forgotten Souls" are honored. On November 1st, the souls of the adults are honored and on November 2nd the celebration of All Souls Day takes place. At noon they light up the incense and when the flame is extinguished, the ceremony ends.

As far as liturgical religiosity, what most people celebrate on November 1st is All Saints Day, honoring the souls of those who are in glory. On November 2nd, All Souls Day, all of those who are considered to be in purgatory are remembered.

Historian Desiderio Hernandez Xochitiotzin relates, "This world of many has been able to survive because of a spiritual relationship amongst all. In the pre-Hispanic world, people believed that 'human beings died to be born to eternity.' They died as human creatures to be born as divine creatures, which is why no one was afraid to die. We have forgotten that each night we practice dying and every day we practice resurrection upon awakening. We have forgotten this because materialism surrounds us. God, with his great knowledge, does not keep anything from us. He teaches us well. That is why we say that we are born to die. The only extraordinary thing about human beings is to be born and to die and the ancient ones knew this well." It is the coincidence of spiritual individuals which has led to the survival of indigenous values in a world that became Christianized upon the arrival of the conquistadors.

THE JOURNEY OF THE DEAD

There is a very special chapter in pre-Hispanic mythology known as the "Journey of the Dead." This

o nueve espacios. Estos nueve espacios se cristianizaron para sobrevivir. Hoy en día se manifiestan en el novenario de los Fieles Difuntos y en la costumbre de rezar nueve rosarios cuando una persona fallece. Pero estos nueve espacios actuales pertenecen más al folklore popular que a la liturgia católica.

Los escritos que narran el Camino de los Muertos mencionan los sitios a donde van las almas. El primero es el *Chichihuacuauhco*, o mansión de los niños. El segundo es el *Mictlán*, donde reinan *Mictlantecuhtli* y *Mictlancíhuatl* y es la mansión de los adultos.

En forma general, se describe el proceso de la muerte y el viaje por etapas que el alma realiza hasta llegar a su lugar de descanso. Primero se amortaja el cadáver y se lo entierra con todo lo necesario para un largo viaje. Entre los objetos que lo acompañan se incluyen alimentos, herramientas de trabajo y utensilios domésticos. Además, con él se entierra un perro para que le sirva de guía.

Durante la primera jornada, el alma viaja seguida de su perrito hasta llegar a la orilla de un gran río llamado *Apanohuaya*, el cual se encuentra en una profunda oscuridad. El perrito se echa al agua y el alma se agarra de él para atravesar el río a nado. Al llegar a la orilla opuesta se vislumbra una luz como la del amanecer. Esta luz indica que la primera etapa ha salido bien.

Para iniciar la segunda jornada, el alma se despoja de su ropa terrenal. Aún en posesión de las ofrendas que le pusieron en su tumba, el alma se dispone a cruzar un camino entre dos montañas que están en constante movimiento llamadas *Tépetl* y *Monamictia*. Aquí el perrito le indica el momento oportuno para que cruce entre ellas.

Después de esta prueba, el alma sigue por el cerro *Itztépetl*, que está cubierto de espinas. Cruza el *Cehuecáyan* u ocho collados, donde siempre está nevando y luego continúa hacia el *Itzehecáyan* u ocho páramos, donde los vientos cortan como navajas.

journey is marked by nine days, nine epochs, or nine intervals. These nine intervals were eventually Christianized. Today they are known as the *novena* (nine days) of the Catholic Day of the Dead celebration, where people pray one rosary per day for a total of nine rosaries for the deceased. These current nine intervals belong more to popular folklore than to Catholic liturgy.

Writings that narrate the "Journey of the Dead," describe the places which people believed housed the souls. The first is the *Chichihuacuauhco*, or mansion of the children. The second is *Mictlan* where *Mictlantecuhtli* and *Mictlancihuatl* reign, and is the mansion of the adults.

The process of death and the journey that the soul goes through is summarized as follows: First the cadaver is shrouded and buried with all the necessities for the 'long journey' including food, work tools, and household items. A dog is also buried with the deceased so it can be a guide for the soul.

During the first journey, the soul and its dog travel to the shore of a great river called *Apanohuaya*, which is characterized by deep darkness. The dog jumps in the water and the soul grabs onto it as the dog helps it cross the river. Upon arriving at the opposite shore, a glimmering light shines as if it were daybreak. This light is a sign that the first migration has been successful.

To begin the second journey, the soul rids itself of earthly clothes. Still, with its possessions buried within the tomb, the soul prepares to cross a road between two continuously moving mountains called *Tepetl* and *Monamictia*. Here the faithful dog shows the soul the right time to cross.

After this test, the soul continues on to thorn-covered *Itztepetl* Hill, followed by the *Cehuecayan*, or eight hills, where it is always snowing. It then crosses the eight bleak plateaus called *Itzehecayan*, where the winds cut like knives.

In continuing its journey, the soul must take a path called *Temiminaloyan*, where it is attacked with arrows.

A continuación el alma debe tomar un sendero llamado *Temiminaloyán* en donde le atacan con flechas. Después se encuentra con un tigre, *teocoyleualoyan*, que trata de arrancarle el corazón. Cae en el río *Apanuiayo*, en cuyas aguas oscuras el alma se enfrenta a un monstruo parecido a una lagartija llamado *Xochitónal*, que trata de devorarla. En estas aguas negras y turbulentas, el perrito guía al alma alejándola de los peligros hasta que llegan a la otra orilla.

Al terminar cada jornada, el alma siempre ve el inicio de un amanecer. Finalmente llega al *Mictlán*, lugar de los dioses, sitio de descanso eterno, en el cual reposará hasta que llegue el momento de visitar, cada año, su hogar donde sus familiares lo estarán esperando con la ofrenda puesta en su honor.

VELACIÓN EN LOS CEMENTERIOS

En Tlaxcala, la velación en los cementerios se realiza el 2 de noviembre. Los familiares comienzan a limpiar y adornar las tumbas desde el día anterior. Muchas costumbres bellas de esta celebración han ido desapareciendo gradualmente. En Ixtenco, por ejemplo, ya no existe la procesión del Santo Entierro con la imagen de Jesús crucificado descansando en un ataúd de cristal, que comenzaba la Fiesta de los Muertos. Cada año una cofradía se encargaba del arreglo y organización de la procesión. El Santo Entierro era llevado de la iglesia del pueblo a la capilla del panteón, donde se lo depositaba en el altar. Todos los habitantes del pueblo participaban con gran respeto, pero eran las mujeres las que culminaban el acto. El Santo Entierro era depositado en el altar y ellas formaban dos filas en el pasillo de la capilla, cada una llevando un jarro nuevo con flores y ceras. Cada cera representaba a uno de los deudos, recordados durante el ritual.

Desafortunadamente el techo de la capilla se derrumbó y con él, la costumbre del Santo Entierro, del cual sólo queda una pintura bellísima del pintor Desiderio Hernández Xochitiotzin. Esta pintura representa a mujeres contemplando la imagen de Jesús en el altar mayor. Ellas están de espaldas y de rodillas, cubiertas con sarapes, teniendo a sus lados jarros con velas grandes.

En el panteón de Ixtenco los otomí solían colocar cruces naturales perfectamente formadas en el tronco del árbol de ocote que abunda en los bosques de la región. La persona que encontraba un árbol en forma de cruz, lo cortaba y lo llevaba a su casa donde permanecía hasta el día de su fallecimiento cuando se lo colocaba en su tumba. Debido al cambio de las costumbres, actual-

It then encounters a tiger called *teocoyleualoyan*, that tries to rip out its heart. The soul then falls in the dark and treacherous waters of the *Apanuiayo* River, where it encounters a lizard-type monster called *Xochitonal* which tries to devour it. In these dark and turbulent waters, the dog guides the soul away from danger and to the opposite shore.

After every level of the journey, the soul experiences a new sunrise until finally it arrives at *Mictlan*, place of the gods and of eternal rest. Every year, a time will come to visit family, who will be waiting with an offering in a place of honor at the altar.

VIGIL AT THE CEMETERIES

The vigil at the cemeteries in Tlaxcala takes place on November 2nd. Family members begin to clean and decorate the tombs a day before the vigil. Many of the beautiful customs of this celebration have gradually disappeared. One example is the procession of the Holy Burial in Ixtenco, which used to begin the festivities of the dead, but no longer takes place. A guild used to be responsible for coordinating and organizing the procession which began at the town's church and ended at the cemetery chapel where the image of Jesus crucified was placed on the altar. The entire community respectfully participated, but women held prominent roles in this activity. Women formed two lines in the aisle of the chapel. Each one carried a new flower-filled *jarro* (clay vase) filled with flowers and candles.

Unfortunately, the chapel's roof caved in and was destroyed, which ended the custom of the Holy Burial. Only a beautiful painting by muralist Desiderio Hernandez Xochitiotzin remains, portraying the backs of kneeling women with their heads covered with *rebozos* (shawls), contemplating the image of the Holy Burial on the main altar. The women are depicted with vases and candles at their sides.

At the cemetery of Ixtenco, the Otomi would place an *ocote* tree which has naturally grown into the shape of a cross. These *ocote* trees were abundant in the forests of the region. Anyone who happened to find a cross-shaped tree would cut it down and take it home. It would remain there until the owner died, at which time it would be placed on the tomb of the deceased. As a result of changes in traditions, only three of these crosses remain in the Ixtenco cemetery.

In Totolac, where most of the residents are professionals and businessmen who frequently travel abroad, it

mente quedan sólo tres de estas cruces en el cementerio de Ixtenco.

En Totolac, cuyos habitantes en su mayoría son profesionales y gente de negocios que viajan frecuentemente al extranjero, era costumbre cubrir las tumbas con arena blanca, traída del cerro *Tepitzintla*, y decorarlas con frutas de capulincillo cuyos colores, cambian de verde a morado y azul a medida que madura. Pero, como en el caso del techo en la capilla de Ixtenco, el colapso de la mina de arena de *Tepitzintla* terminó con la costumbre de cubrir las tumbas con arena blanca. Sin embargo, hay quienes tratan de conservar la tradición reemplazando la arena con aserrín para dar a las tumbas una tonalidad clara, aunque sea temporalmente.

La leyenda, dice que en el cerro *Tepitzintla* predicó por última vez *Quetzalcóatl* y que desde entonces el cerro adquirió color blanco, el color de este buen dios.

En Santa María Atlihuetzía, el cementerio se encuentra donde antes estuvo el claustro del desaparecido convento franciscano. Entre las paredes sin techo de lo que fue el templo, docenas de personas arrodilladas, diseñan pacientemente corazones y cruces sobre las tumbas de sus seres queridos, mientras los chiquillos, aprovechando la

was customary to cover the tombs with white sand brought from the *Tepitzintla* Hill. Then it was decorated with *capulincillo* fruit which changes colors from green to purple and blue as it ripens. Similar to the incident at the Ixtenco Chapel, the custom of covering the tombs with white sand ended when the *Tepitzintla* mines collapsed. There are some who have tried to conserve the tradition by replacing the sand with sawdust to give the tomb a lighter tone.

Legend says that the god *Quetzalcoatl* preached for the last time on the *Tepitzintla* Hill and ever since then the peak acquired a white tinge, just as the color of this benevolent god.

The town of Santa Maria Atlihuetzia has its cemetery where there used to be a Franciscan convent. Within the now roofless walls of the temple, many kneeling people patiently design hearts and crosses over the graves of relatives. Meanwhile, children play happily in the open space, sharing the celebration in their own way. In the ruins of the atrium, toward the left side, a cruciform *ocote* tree stands. Its simplicity conveys a profound religious meaning.

What once was the temple, is now a cemetery with ancient monuments including *Talavera* ceramic plaques as well as wood and steel crosses. The cemetery has a lateral annex where earlier the monastery's atrium stood. Here, the tombs have certain notable characteristics. They are made out of wood and metal and designed in a whimsical form which reflects the style of life within the community.

The crosses reflect the trade of the deceased. There, people deposit their life's emotions, which is symbolized in the material used to make the crosses. One can tell, for example, who was a mechanic or an electrician. Each cross has been made from materials used in the trade of the deceased. Perhaps many of them made their own crosses with the same dedication and acceptance of the Otomi. They searched the forests for the cross-shaped tree. Once found, they would cut it down, take it home, and put it away until the day of their death.

In this state, the celebration in honor of the dead is in reality a song to life; a life that extends beyond death. It is a song that comes from memorable times which merged into a new culture.

The air in Tlaxcala is always clean and the days are bright and sunny. The passage through the cemeteries of Ixtenco, Totolac and Atlihuetzia leave a profound feeling of human love. The yellow color from the *cempasuchitl* that cover the cemetery grounds maintains its brightness

novedad del espacio abierto, corren de un extremo a otro, compartiendo a su manera esta celebración. En las ruinas del atrio, a la izquierda, dominando con su sencillez y el poder de su significado, está el tronco de un árbol cruciforme de ocote.

Así, lo que fue un templo, es ahora un panteón con monumentos antiguos, placas de cerámica de talavera y con cruces de madera y de hierro. El cementerio tiene un anexo lateral, donde antes estuvo el claustro del monasterio. Aquí las tumbas tienen características notables: son hechas de madera y de metal, diseñadas en formas caprichosas reflejando el estilo de vida de esta comunidad.

La profesión a la que se dedicó el fallecido está representada en las cruces. Allí, la gente vuelca toda la emoción de sus vidas, simbolizada en el material que usan para hacerlas. Se puede deducir quién fue mecánico o electricista, ya que las cruces han sido hechas con materiales usados en la clase de trabajo a la que se dedicaron en vida los difuntos. Quizás muchos de ellos elaboraron sus propias cruces, con la misma dedicación y aceptación de lo inevitable con que el otomí buscaba en los bosques el árbol cruciforme para cortarlo, llevarlo a su casa y guardarlo hasta el día de su muerte.

En este estado, la celebración en honor de los muertos es en realidad un canto a la vida; a la vida que se extiende más allá de la muerte. Es un canto que viene de tiempos inmemoriales y que se fusionó con una cultura nueva.

En Tlaxcala, el aire es siempre limpio y el sol brillante. El recorrido por los cementerios de Ixtenco, Totolac y Atlihuetzía dejan un sentimiento profundo de calor humano. El amarillo del *cempasúchitl* que cubre el suelo de los panteones en el transcurso de las horas no pierde su intensidad, ya sea bajo el sol o la lluvia se mantiene vivo como una alegre risa juvenil.

Sin embargo, al atardecer del último día de la celebración de los difuntos, un sentimiento de tristeza invade el corazón al mirar el camposanto mojado por la lluvia y cubierto de flores rojas, blancas y amarillas. Al salir del cementerio y contemplarlo, esta vez solitario y silencioso, no se puede menos que pensar en la soledad en que quedan los muertos.

for a long time. Under the sun or rain, the color remains fresh and festive as a smile on a child's face. However, on the last evening of the celebrations, a deep feeling of sadness is felt when one looks at the cemetery, covered by flowers of different colors under the rain. One can only wonder about the loneliness of those left behind, as everyone leaves the cemetery and looks back at this empty, silent place.

San Luis Potosí

El estado de San Luis Potosí está ubicado en el centro del territorio mexicano en una situación geográfica privilegiada. Su capital, la ciudad de San Luis Potosí, fue fundada el 3 de noviembre de 1592 y está situada en el Valle de San Luis, a una altura de 1,887 metros sobre el nivel del mar.

El estado de San Luis Potosí está dividido en cuatro grandes zonas: Centro, Huasteca, Media y Altiplano. Tamazunchale, en la Huasteca potosina, está a ocho horas de distancia por carretera; para llegar a ella se pasa por Ciudad Valles, considerada como "la capital de la Huasteca" o el corazón de la región.

La lluvia abundante, el excelente suelo y la vegetación exuberante favorecen paisajes maravillosos de verdes intensos, lagunas, manantiales y nacimientos de ríos, lo que hace de la Huasteca Potosina una de las regiones más hermosas de México.

The state of San Luis Potosi is located in the heart of Mexico, in a region with very favorable geography. Its capital, the city of San Luis Potosi, was founded on November 3, 1592, and is located in the San Luis Valley at an altitude of over 6,000 feet above sea level.

The state of San Luis Potosi is divided into four large areas: Center, Huasteca, Media, and Altiplano. The town of Tamazunchale, in the Huasteca area, is located approximately eight hours from the city of San Luis Potosi by car. The road passes through Ciudad Valles, considered to be "the capital of the Huasteca," or the heart of the region.

The abundant rains, the rich soil, and lush vegetation favor a spectacular landscape of deep greens, lagoons, springs, and river beds that make the Huasteca of San Luis Potosi one of the most beautiful regions in Mexico.

Océano
Pacífico

México

Golfo de México

Matehuala

SAN LUIS POTOSI

Guadalcázar

Ahualulco

CITY OF/CIUDAD DE
SAN LUIS POTOSI

Rio Verde

Cd. Valles

Tomasopo

Tampacán

Xilitla

Tamazunchale

MUJER HUASTECA

Todo transciende en vela, en pan, en flor, en manos...
La tierra reverdece, son recuerdos vitales;
la Huasteca selvática: mujeres inmortales
que siguen gobernando desde remotos planos.

Sal y azúcar de panes o un silencio de granos
de maíz, hecho llama en ritos ancestrales;
es como una amalgama canción de manantiales
que transmuta su esencia a los seres humanos.

Piel curtida en creencias de antepasados sueños.
Tradición esculpida en señorial postura...
Tus velas encendidas abren nuevos caminos.

Los que se fueron vuelven, lo expresan tus empeños,
tu mirada, tu gesto, tu sapiente ternura
que exhala la pureza de un bienestar divino.

Julie Sopetrán, 2001
Poetisa española

HUASTECAN WOMAN

Everything transcends through candle, in bread, in flower, in hands...
The land grows green, they are vital memories;
the Huastecan wilderness: immortal women
who continue to rule from distant planes.

Salt and sugar from the breads or a silence of grains
of corn, inflamed within ancestral rites;
it is like a song medley of flowing springs
which transmutes their essence to human beings.

Skin weathered in the belief of ancestral dreams.
Tradition sculpted in majestic posture. . .
Your lit candles open new pathways.

Those who left have returned, your deeds reflect it,
your gaze, your expression, your wise tenderness
that exhales the purity of a divine well-being.

Julie Sopetran, 2001
Spanish Poet

Xantolo, en la Huasteca Potosina: Un tiempo para revivir la tradición y entender la riqueza de la raíz prehispánica

Se sostiene que la muerte en el mundo prehispánico no existe. Se trata simplemente de una transición, de un viaje a través del tiempo y el espacio hacia una verdadera vida; un concepto diferente al de la época moderna en el que la muerte significa para muchos el final del camino. Sin embargo, entre los habitantes de la Huasteca Potosina, el *Xantolo* prehispánico, reculturizado, sigue con vida a través de la práctica de la tradición.

Esta costumbre está sostenida por la fuerza vital conocida como el *chalchuíhuitl*, (de los pueblos prehispánicos). Es una fuerza vital que se actualiza en los tianguis grandes de los pueblos huastecos, en la siembra de la flor de *cempasúchitl*, en la cría de los animalitos que se sacrificarán para preparar los tamales, en la siembra del maíz, en la elaboración de las velas, en la preparación del pan de muerto, en la cohetería y por supuesto en el arco o altar.

El *Xantolo*, considerado como un espacio sagrado del hombre que le permite mantener viva una de sus tradiciones más hermosas, representa también el momento de comunión del hombre con el hombre, con la naturaleza

The *Xantolo* in the *Huasteca Potosina:* A time to relive the tradition and to appreciate the wealth of pre-Hispanic ancestry

It is believed in the pre-Hispanic world that death does not exist. It is simply a transition, a voyage through time and space towards true life. This is quite a different concept than what is believed today, where to many people death symbolizes the end of the road. Among the inhabitants of the *Huasteca Potosina*, however, the acculturated pre-Hispanic *Xantolo* lives on through the practice of the tradition.

This tradition is kept alive by a vital force known as the *chalchuihuitl*, (of pre-Hispanic people). This vital force manifests itself in the great *tianguis* (outdoor markets) of Huastecan towns; in the fields of *cempasuchitl* (marigolds); in the raising of barnyard animals sacrificed for the preparation of *tamales*; in the growing of corn; in the making candles and in the baking of the *pan de muertos* (Bread of the Dead); in the crafting of fireworks, and, naturally, in the making of an arch or altar.

The *Xantolo* celebration is considered to be a sacred time for man that allows him to keep alive one of his most beautiful traditions. It represents the communion among human beings, between man and nature, and

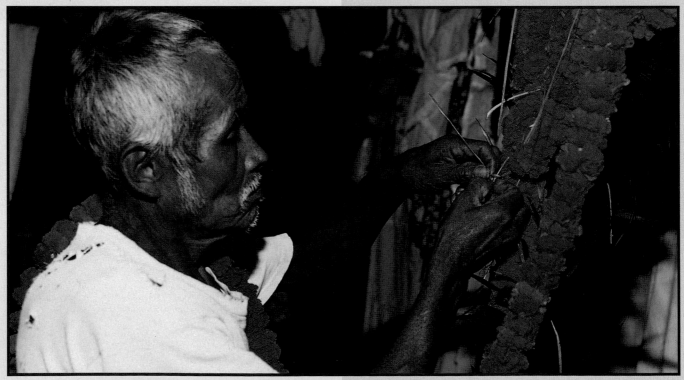

y con su Dios. Es el lazo que lo une con sus antepasados y que lo proyecta como nexo con las generaciones futuras.

Para muchos, la fiesta de *Xantolo* tiene más importancia incluso que la Navidad, porque se trata de un reencuentro con la familia que está presente y la que se fue. Es una época, en la que los que viven afuera, que residen en otras localidades, cercanas o distantes de la región, llegan a visitar a sus familiares para realizar un encuentro muy íntimo, muy estrecho en el que comparten la comida, los juegos y los recuerdos. Esto sirve para unir y fortalecer aún más el concepto mexicano de unidad, colaboración y coexistencia, que se tiene de la familia.

La Huasteca es una zona muy fértil, muy verde, que desde el aire se ve como una esmeralda brillante bajo la luz del sol. Está atravesada por muchos ríos y montañas muy altas. Comprende parte de la Sierra Oriental y la llanura costera del golfo. La región abarca la parte sur del estado de Tamaulipas, el extremo norte de Puebla, el oriente del estado de San Luis Potosí, una pequeña parte del estado de Querétaro y la parte norte de los estados de Hidalgo y de Veracruz. Se caracteriza por tener un clima subtropical, originalmente con una vegetación selvática que ha sido adulterada por la introducción de pastizales, producto del desarrollo rural, principalmente ganadero. Sólo conserva vestigios de su ambiente original en pequeños y aislados lugares de la Sierra, en apartados ranchos en el norte de Veracruz y en remotas comunidades indígenas.

El territorio tiene huellas de ocupación desde 1200 a. C., sin embargo materiales arqueológicos que identifican la cultura Huasteca como tal, se remontan al período comprendido entre 1500 a 100 a. C. Los huastecos estaban emparentados con los mayas y quedaron aislados durante siglos. Aproximadamente entre el 600 y 700 d. C. comenzaron a establecer intercambios importantes con los pueblos mesoamericanos.

between man and God. It is the link that joins him to his ancestors and projects him as a link between the present and future generations.

For many, the *Xantolo* festival is even more important than Christmas because it constitutes a reunion with both living and departed family members. Traditionally, it is a time in which those who live in nearby towns and far away arrive to visit their relatives. It is a very intimate moment in which they share food, games, and memories, that helps unite and strengthen Mexicans' concept of the family, which is that of unity, cooperation, and coexistence.

The Huasteca is such a fertile and lush region when viewed from the air, that it appears as a brilliant emerald under sunlight. It is traversed by many rivers and very high mountains and contains part of the Sierra Oriental and the coastal plains of the Gulf. The region covers the southern part of the state of Tamaulipas, the extreme northern part of Puebla, the eastern part of the state of San Luis Potosi, a small part of the state of Queretaro, the northern part of the state of Hidalgo and the northern part of the state of Veracruz. It has a characteristically subtropical climate and was originally covered with a jungle-like vegetation that has been cleared for grazing as a product of rural development, mainly cattle farming. Only a few vestiges of its original environment can be seen in small and isolated places of the Sierra, in remote ranches in the northern part of Veracruz and in isolated indigenous communities.

There are signs of settlements dating back to 1200 B.C.; however, archaeological items linked to the ancient Huasteca culture can be traced back to the period between 1500 to 100 B.C. The *Huastecos* were related to the Mayas and remained isolated for centuries. Approximately between 600 and 700 A.D., the *Huastecos* developed an important trade with Mesoamerican people.

Una de las rutas a seguir para llegar a la Huasteca es visitar primero la capital del estado y disfrutar de su hospitalidad, de su arquitectura y de su historia. Sus edificios hechos de cantera, con balcones bellamente decorados son demostración de un esplendor que se mantiene y que hacen de San Luis Potosí una de las ciudades coloniales más señoriales de México. Un recorrido a pie por las calles de su centro histórico ofrece la oportunidad de poder admirar estos edificios en los que sobresalen en su arquitectura detalles barrocos, churriguerescos y neoclásicos. Sus habitantes son gente hospitalaria que sabe disfrutar de la vida; verbenas y bailes de danzones en los parques son parte del diario vivir de los residentes de esta ciudad en la cual se concentra el 30 por ciento de la población del estado.

TAMAZUNCHALE

De San Luis Potosí se llega a Tamazunchale por carretera. "La región fue poblada por gente tének y Tamazunchale, formaba parte de uno de de los señoríos tének más importantes", nos dice Flavio Martínez Terán, miembro del Concejo de Ancianos Indígenas de la Cultura Huasteca. "Por el año 1100 gobernaba Tamazunchale, Tampico y en general toda la región, una gran mujer dotada de excelente cualidades, que se llamaba *Tomiyauh* —

In route to the Huasteca region you should visit the state capital to enjoy its hospitality, architecture, and history. Its buildings are made from quarry stone, with beautifully decorated balconies that testify to the great splendor that is maintained and makes this city one of the most ostentatious colonial cities in Mexico. A walk through the streets of its historic downtown offers the opportunity to admire these buildings, which showcase details of baroque, *churrigueresco* and neoclassical architecture. Its inhabitants are hospitable people who know how to enjoy life, as fairs and dancing in the parks are part of the daily life of the city's residents, who make up 30% of the state's population.

TAMAZUNCHALE

Upon leaving the capital of San Luis Potosi by road, one arrives eight hours later at Tamazunchale. "This region was originally inhabited by the Tenek people. Tamazunchale formed one of the most important early Tenek cities," says Flavio Martinez Teran, an elder with the Indigenous Senior Council of the Huasteca Culture. "Around the year 1100, Tamazunchale, Tampico, and the entire region in general were ruled by a great woman with extraordinary qualities named *Tomiyauh* (Lady of the *Cuextecos*). This is the origin of the tradition that in

señora de los cuextecos. De aquí surge la tradición de que Tamazunchale significa en huasteco —lugar donde reside la mujer gobernadora—, es decir *tam* (lugar), *axum* (mujer) y *tzalle* (gobernador). Esta doncella tének que subió al trono y gobernó tuvo dominio sobre su gobierno, casándose con un chichimeca, para establecer una alianza y evitar las guerrillas que existían con ese pueblo". Siguieron gobiernos monárquicos hasta que la región fue invadida por los aztecas en la primera parte del siglo XV, destruyendo gran parte de los señoríos y convirtiéndolos en tributarios hasta la llegada de los españoles.

Durante la época de la conquista habían cuatro etnias distintas: los genéricamente llamados chichimecas, es decir cazadores recolectores, los que posteriormente sucumben al proceso de colonización; los *xi'ol* conocidos como pames, en la actualidad relegados a remotos lugares de la Sierra Madre Occidental; los mexicanos de habla nahua y los tének, cuya lengua estrechamente emparentada con la maya se conoce como huasteca. En la actualidad la región está poblada por gente del grupo nahua y de la cultura tének, por lo que las costumbres se han vinculado mucho entre ambos grupos, mostrando las mismas características en los rituales, ceremonias y danzas. En general, en la Huasteca Potosina conviven tres etnias: la tének nativa de San Luis Potosí y que comparte su territorio con la etnia nahua y la etnia pame que se encuentra en el centro del estado.

Luego de la conquista, la presencia de los extranjeros favoreció el mestizaje, lo que ayudó a desarrollar el comercio en el sector. Después de una vida agitada, durante la etapa de la Independencia y de la Revolución Mexicana, Tamazunchale se desarrolla poco a poco, siendo en la actualidad una población muy importante por la actividad comercial y por ser un lugar clave desde el cual se puede desplazar hacia las diferentes poblaciones de la región.

El Municipio de Tamazunchale se encuentra ubicado hacia el oeste del estado de San Luis Potosí, predomina

the Huastecan language, Tamazunchale means "place where the governess resides." The name is derived from *tam* (place), *axum* (woman), and *tzalle* (governor). This Tenek maiden rose to the throne to govern the region and consolidated her power by marrying a Chichimeca in order to make an alliance that would prevent warring with those people. Monarchal governments persisted until the Aztecs invaded the region in the first part of the Fifteenth Century. Most of the local *señorios* were destroyed and converted into tributaries up until the arrival of the Spanish.

During the Conquest there were four distinct ethnic groups: those commonly called Chichimecas, who were hunter gatherers and who later succumbed to the process of colonization; the *Xi'ol*, known as the Pames, who remain relegated to remote areas of the Sierra Madre Occidental; the Nahuatl Mexicans; and the Tenek, whose language, Huasteca, closely resembles that of the Maya. The region is currently inhabited by people from the Nahuatl and Tenek cultural groups, which has caused traditions of both groups to intertwine, resulting in similarities in their rituals, ceremonies, and dances. In general, three ethnic groups coexist in the *Huasteca Potosina*: the native Tenek who shares territory with the Nahuatl and the Pames, who live in the heart of the state.

After the conquest, the presence of foreigners led to the melting pot effect, or *mestizaje*, that spurred the development of commerce. Following a period of upheaval during the Mexican Independence and Revolution, Tamazunchale began to grow. Today it has become an important commercial hub and connection point for travel to different cities in the region. The Tamazunchale municipality is located in the western region of the state of San Luis Potosi. Its vegetation is predominantly jungle-like with a high rate of humidity. It is a treat for the eyes and the spirit to admire the green vegetation. It is also one of the few places in the world where two rivers, the Moctezuma and the Amajac, meet

una vegetación de tipo selvático, con altos índice de humedad. Es un regalo para los ojos y el espíritu contemplar el verdor de la zona y es uno de los pocos lugares del mundo, donde dos ríos: el Moctezuma y el Amajac chocan de frente, en un sitio que se conoce como Las Adjuntes. La principal actividad es la agricultura, es un centro productor de naranja y en menor cantidad de café. La población de Tamazunchale está situada entre dos cerros que forman una barrera natural, el cerro grande de Mixquitla y el cerro gordo de Acontla.

En el centro de Tamazunchale está la Plaza Juárez o Jardín, en la que se dan cita tanto los artesanos como vendedores de productos. Allí, así como en los mercados de las diferentes poblaciones, se pueden admirar los textiles tének: el *quechquemitl*, blusas y mantelitos bordados en vivos colores, a la vez que ofrecen todo lo que se usa en el arreglo de los arcos (altar-ofrenda). Las mujeres lucen el *petob*, que es el tocado que llevan en la cabeza y está confeccionado con estambres. Los colores en la vestimenta de ellas identifican su estado civil: si usa falda blanca y *petob* con colores muy alegres es soltera. La casada lleva falda negra y el petob luce colores discretos.

Junto con el *cempasúchitl* se vende la flor sotol blanca, que es como un cactus de raíz profunda que crece en las rocas. Perdura por 30 días sin marchitarse y comienza a incorporarse en el arreglo de los altares; igualmente se vende el "colotillo", una flor chiquita, morada y por supuesto las velas o cirios, con las que se iluminan los arcos.

head-on in a place called *Las Adjuntes*. The region's principal activity is agriculture, including orange production and, to a lesser extent, coffee. The town of Tamazunchale is located between two mountains: the *Cerro Grande* (great hill) of Mixquitla and the *Cerro Gordo* (fat hill) of Acontla, which form a natural geographical barrier.

Plaza Juarez, known as "The Garden," is a gathering place for crafts people and merchants in downtown Tamazunchale. There one can admire Tenek textiles such as the *quechquemitl* traditional indigenous capes for women, blouses and colorful embroidered tablecloths, and all that is needed to arrange the arches (altar-offerings). Women wear the *petob*, or headdress made with yarn. The colors they wear reveal their marital status: if a woman wears a white skirt and a very colorful *petob*, she is single. Married Tenek women wear a black skirt and a *petob* crafted with more discreet colors. The white *sotol* flower is sold along with the *cempasuchitl*. The *sotol* is crafted from a deep-rooted cactus that grows on rocks and can last up to 30 days without wilting. It is now being included in the arrangements of the altars. Also sold are the *colotillo*, a small purple flower, and of course the candles used to light the arches.

Plaza Juarez is also the place where buyers can find raw cane sugar called *piloncillo*, used to sweeten coffee, the traditional drink of the Tenek. The Tenek place cups of coffee on the altar for the souls of every deceased family member. Nahuatls, on the other hand, make the offering

En la Plaza Juárez también se expende el piloncillo hecho de caña de azúcar para endulzar el café, bebida básica de los miembros de la cultura tének, a tal punto que en los altares colocan tazas llenas de café para cada una de las almas de sus familiares. Los nahuas en cambio ponen en la ofrenda una bebida hecha con chocolate.

Grupos cívicos y educativos de la ciudad también se congregan en El Jardín para participar en un concurso de altares, en donde la flor de *cempasúchitl* ensartada en piola, destaca formando arcos como marco de los altares-ofrendas.

Cerca de Tamazunchale, se localiza una comunidad de aproximadamente 80 familias, llamada Temamatla. El 50 por ciento de la población se dedica a hacer velas, que se distribuyen en varios municipios de la región. La demanda del producto es muy alta en esta temporada y trabajan en su elaboración todos los miembros de la familia, incluyendo a niños y ancianos. Es interesante observar la forma organizada de trabajo, en una especie de línea de producción de los veleros o cereros, en la que los adultos realizan la labor más peligrosa, como es la de meter las piolas en la parafina hirviendo, que los pequeños han cortado y colocado previamente en los aros.

LA FILOSOFÍA TÉNEK
ACERCA DE LA MUERTE

La cultura tének ha trascendido a través de su comida, costumbres y tradiciones; de su manera de vestir, pensar y de su filosofía acerca de la vida y de la muerte. Ellos no ven la muerte como el abandono de los bienes materiales terrestres, sino como un paso a un plano de vida mejor; creen que van a llegar a un paraíso, a un lugar donde van a descansar y que año a año, durante las fiestas de *Xantolo* o de Todos Santos regresarán a este plano terrenal para convivir con sus familiares, saborear los platillos que más les gustaban, probar el vino, oler las flores y más que nada convivir con la familia.

De acuerdo a la Arquitecta Concha Nava, una mujer apasionada del patrimonio cultural de San Luis

with a drink made from chocolate. The Garden or *El Jardin* is also where various civic and educational groups in the city gather to take part in the annual altar contest, where the *cempasuchitl* flower is embroidered on rope to create the arches to frame the altar-offerings.

Near Tamazunchale is the community of Temamatla, home to approximately 80 families. Fifty percent of the population is devoted to making candles that are distributed throughout the region. The demand for this product is quite high around this time of year, and the trade involves all family members, both young and old. It is quite interesting to observe the organized manner in which the candle makers work, similar to an assembly line. The children cut and place the string on rings, while the adults take care of the most dangerous work: dipping the wicks in boiling paraffin.

THE TENEK PHILOSOPHY
ABOUT DEATH

The Tenek culture has sustained through its food, customs, traditions, manner of dress, way of thinking, and its philosophy about life and death. They do not see death as the abandonment of all earthly belongings, but rather as stepping into a better life. They believe they will reach paradise, a place where they go to rest. And every year during the *Xantolo* holidays, or All Saints Day, they will return to interact once again with their relatives, enjoy their favorite dishes, taste the wine, smell the flowers and, above all, spend some time with their family.

According to the architect Concha Nava, a woman with a passion for the cultural heritage of San Luis Potosi and of Mexico in general. "For Huastecan peoples, celebrating the dead is celebrating life, because according to their beliefs, their preoccupation with life is undoubtedly the best way of explaining the existence of the cult of the dead. Their belief in the persistence of an individual in another space guarantees that the person will not

Potosí y de México: "para las etnias huastecas, celebrar a los muertos es festejar a la vida, porque de acuerdo a sus convicciones, la preocupación por la vida es indiscutiblemente la mejor manera de explicar porqué la existencia del culto a los muertos. La creencia en la perduración de una persona en otro espacio asegura la posibilidad personal de no desaparecer, sino pasar al más allá, a otro plano, en transformación espiritual. Si los demás que fallecieron perduran en el recuerdo de los seres vivos, en sus propias ofrendas y oraciones, cada uno de los vivos de ahora, sobreentiende que asegura su propio perdurar en el afecto y el recuerdo, pues inculcando la tradición es asegurar que en un futuro sus descendientes lo estén recordando".

Ella nos informa que en los ritos mortuorios, además de preparar a los difuntos con la vestimenta, las ofrendas, las urnas, los objetos personales, la comida predilecta, el agua, las semillas y los objetos queridos o utilizados en vida para asegurar un buen viaje, el difunto debe portar en la boca una piedra preciosa o el jade, para lograr pasar el difícil trance. En un altar permanente llamado *Cué*, los familiares ofrendan a los dioses para que el espíritu de la persona fallecida no los abandone, porque debe permanecer entre ellos y en su casa. Con ese objeto colocan sahumadores con resina de copal y cuidan de que la llama de su espíritu no se extinga.

disappear, and instead will move on to the world beyond, in a process of spiritual transformation. If all others who died, live on in the memory of living beings through their own offerings and prayers, then every person alive now is understood to guarantee their own continuity through affection and memory. Carrying on the tradition is a way of guaranteeing that in the future, our descendants will remember us."

Arquitect Concha Nava explains that in funeral rites, besides dressing the dead, the offering includes urns, personal belongings, favorite foods, water, seeds, and objects beloved by or used in life. To insure a safe journey, the deceased must carry in his or her mouth a precious stone or piece of jade, in order to survive the ordeal. On a permanent altar called *Cue*, family members make offerings to the gods so that the spirit of the deceased does not abandon them, because it must remain among them and in their home. To this end they place smoking devices with *copal* resin and are careful not to allow the flame of the persons spirit to burn out.

The Huasteca people see death as part of life, physical death is simply a new way of life, passing on to the plain of the intangible, the immaterial, the spiritual, which will keep them alive forever.

THE *XANTOLO* FESTIVAL

Based on the information arquitect Concha Nava

Los huastecos ven la muerte como parte de la vida, la muerte física es sólo una nueva manera de vivir, pues se pasa al terreno de lo intangible, lo inmaterial, lo espiritual, que los mantienen vivos para siempre.

LA FIESTA DE XANTOLO

Por la información anteriormente expuesta, proporcionada por la Arquitecta Nava, esas creencias son las bases para la realización de la festividad de *Xantolo* en el mes *Hey miccailhuitl*, en el que oraban al dios *Yacatecutli* y celebraban la muerte, festejándola como un medio de trascender el mundo terrenal.

El *Xantolo* en la Huasteca Potosina se inicia el 28 de octubre, en que los panaderos comienzan a preparar el pan de muerto, básicamente de dos tipos: las hojaldras, de dulce y las figuras de animalitos o muñequitos de sal. En esta fecha, quienes tienen familiares fallecidos en accidentes ponen flores de muerto y una veladora en el altar familiar o en una mesa. El día 30 colocan un cirio y flores blancas para los niños que murieron sin ser bautizados, a los que llaman "limbos". El 31 de octubre, a las tres de la tarde, se pone la ofrenda para los "chiquitos",

provided, these beliefs are the basis for the celebration of the *Xantolo* festival in the month of *Hey miccailhuitl*, during which prayers are offered to the god *Yacatecutli* and death is celebrated. This god is celebrated as a means of transcending earthly life.

In the *Huasteca Potosina* the *Xantolo* festival begins on October 28th, when bakers begin preparations to make the Day of the Dead bread. The bread comes in two varieties: sweetened puff pastries and savory figurines shaped like animals or humans.

On this day, people who have lost family members in accidents place flowers of the dead (*cempasuchitl*) and a votive candle on the family altar or on a table. On October 30th, a candle and white flowers are placed in memory of children who died without baptism and who are called *limbos*. On October 31st, at three o'clock in the afternoon, an offering for the "little ones" is placed on the shelf of the family altar. The offering includes chicken *tamales* made out of *sarabanda* without chili pepper, since children don't eat chili; as well as candy, sodas and *atole*, a thick traditional drink made of corn flour. There is great attention to detail, insuring that everything is appropriate for the child's soul.

generalmente en la repisa del altar familiar. Les ofrendan tamales hechos de sarabanda, con pollo, que no tengan picante porque los niños no comen chile; añaden dulces, refrescos y atole hecho de masa de maíz, cuidando mucho los detalles y lo que es propio para las almas de los pequeños.

Entre el 31 de octubre y el 2 de noviembre los habitantes de Tamazunchale y sus alrededores echan "la casa por la ventana", honrando la memoria y "presencia" de sus seres queridos. La fiesta de *Xantolo* es la fiesta más significativa en esta región, porque veneran mucho a la familia y cuando se celebra el regreso de las almas sienten mucho gusto, ya que es la única oportunidad que tienen de convivir una vez más con sus muertos. El maestro Rodolfo Conguitor Reyes, nativo de Tamazunchale, comenta que "los habitantes de algunas poblaciones aledañas no van al panteón el 2 de noviembre, van después ya que desean estar en sus casas para 'sentir' las vibraciones que emanan las almas de los fieles difuntos frente al altar".

"Durante *Xantolo* la identificación de la familia es total. Los sentimientos son muy profundos, el común denominador es la alegría, la tristeza, el recuerdo, la ironía y la creatividad. Todos estos sentimientos se manifiestan en color, olor y sabor. En el ciclo vital de la etnia no se excluye a la muerte. Este es un culto a la vida misma y un homenaje a la otra cara de la vida. Como se alterna el sol y la luna, la vida con la muerte es un ciclo vital indisoluble. El *Xantolo* significa la reconfirmación indiscutible del ciclo vida-muerte, donde los lazos familiares se robustecen y se intensifican", comenta la Arquitecta Concha Nava.

LOS MISIONEROS Y LA PRESERVACIÓN DE LA TRADICIÓN

El sacerdote Rafael González Sánchez, nacido en el seno de una comunidad nahua, en un pueblo que se llama Repozoapan, del Municipio de Coxcatlán, comenta que con su familia celebraba Día de Muertos de la misma manera que se celebra en la actualidad, una tradición que ha sido transmitida oralmente, de generación en generación.

Los antepasados de los habitantes de este lugar celebraban con fiesta a los que volvían del *Mictlán*, ofrendando a sus seres queridos. Al igual que Flavio Martínez Terán, el sacerdote Rafael González Sánchez aclara que la razón por la cual se celebra el *Xantolo* en esta época es porque al terminar la cosecha del maíz se realizaba antiguamente el ritual de descanso tanto para los vivos como para los difuntos.

Between October 31st and November 2nd, the residents of Tamazunchale spare no expense to honor the memory and "presence" of their loved ones. The *Xantolo* festival is the most significant holiday of the region, giving the veneration for the living family. Celebrating the return of the souls of family members brings great joy, as it is the only opportunity to share with them once again. Professor Rodolfo Conguitor Reyes, a native of Tamazunchale, says that "the residents of certain towns near Tamazunchale do not visit the cemetery on November 2nd. Instead, they go on a later date because they want to be at home in order to 'feel' the vibrations that emanate from the souls of the departed faithful at the altar."

Architect Concha Nava explains, "In the *Xantolo*, families identify completely. Feelings run very deep, and the common denominators are joy, sadness, remembrance, irony, and creativity. All these feelings are expressed through color, flavor, and smell. Among the Tenek, the lifecycle does not include death. They worship life itself and pay homage to the other side of life. Just as the sun and the moon alternate, life and death are inexorably linked in this cycle. *Xantolo* represents the unquestionable confirmation of the cycle of life and death, when family bonds are strengthened and intensified."

THE MISSIONARIES AND THE PRESERVATION OF TRADITION

Rafael Gonzalez Sanchez, a Catholic priest, was born in the heart of a Nahuatl community in a town called Repozoapan, of the Coxcatlan municipality. He states that his family celebrated the tradition of the Day of the Dead in the same manner that it is celebrated today. It is a tradition that has been passed down from generation to generation.

The forefathers of the residents of this place used to celebrate the Festival of the Dead for the souls coming back from *Mictlan*, with offerings given to their loved ones. Father Gonzalez concurs with Tenek elder, Flavio Martinez Teran, that "the reason why the *Xantolo* was celebrated in pre-Hispanic times was because it was customary to perform an ancient ritual of rest at the end of the corn harvest for the living as well as for the deceased."

Father Gonzalez goes on to say that when the missionaries arrived they witnessed a beautiful festival held in September, dedicated to the god of corn. In an attempt to somehow preserve those beliefs while imposing their own, "the Augustine and Franciscan priests

Él se expande en el tema y aclara que al llegar los misioneros vieron que en el mes de septiembre se hacía una fiesta muy bonita dedicada al dios del maíz. Tratando de preservar de alguna manera las creencias, al mismo tiempo que para imponer las suyas. "Los agustinos y los franciscanos las unieron al *Sanctorum*, Día de Todos los Santos, el primero de noviembre. De allí surge el nombre que identifica a estas fiestas de recordación: *Xantolo*. Es importante recalcar que la filosofía y el pensamiento nahua conviven con el cristiano. Bajo creencias muy propias hablan de los muertos, hablan de la resurrección de acuerdo con la meditación de cada una de estas diversas culturas. El pensamiento cristiano nos dice 'el que cree aunque haya muerto no morirá', esa es la expresión de Cristo".

El sacerdote Rafael González Sánchez continúa: "En cambio, el pensamiento nahua nos habla de que nuestros hermanos no han muerto, que viven y mantenemos presente que el último día de octubre ellos vienen a convivir, a comunicarse y a participar con nosotros. Nuestros antepasados celebraban sus ideologías con actos especiales y con la ofrenda. Tenemos que mantener nuestras raíces culturales, porque toda cultura que tiene sus raíces propias debe ser respetada. La fe cristiana debe respetar las costumbres de nuestra región, purificando las creencias y tomando nuestras bases culturales para perfeccionarlas.

"Tal vez nuestros antepasados, los mexicas, no llegaron a la reflexión de la resurrección, pero ya nos hablan de la otra vida, nos hablan de la resurrección de acuerdo a su mentalidad y su cultura. Dios, nuestro Padre, deposita la semilla en todas las culturas y ésta va creciendo y de acuerdo a ello, los hombres van descubriendo la presencia de Dios. Nuestros antepasados prehispánicos creían en el amor y ¿cómo se manifiesta el amor hacia Dios?, a través de los elementos de la naturaleza que ellos

combined them in the *Sanctorum*, on All Saints Day, November 1st. This is the origin of the name that identifies these festivities of remembrance: the *Xantolo*. It is important to reiterate that Nahuatl philosophy and beliefs are intertwined with Christian beliefs. Through their own beliefs they speak of the dead as well as of the resurrection in accordance with the thinking of each of these diverse cultures. Christian doctrine tells us that 'he who believes shall not die even after death.' That is the expression of Christ."

Father Gonzalez continues, "Nahuatl beliefs, on the other hand, tell us that our brothers have not died, that they live and we are aware that the last day in October they will come and be with us; to communicate and share with us. Our ancestors celebrated their idiosyncrasies with special activities and with offerings. We must maintain our cultural roots because all cultures must be respected. The Christian faith must respect the customs of our region, purifying the beliefs and using their cultural basis in order to perfect them."

He continues: "Perhaps our ancestors, the Mexicas, did not come to reflect on resurrection but they did speak about another life. They spoke of the resurrection in terms of their way of thinking and culture. God, our Father, plants the seed in all cultures and these grow accordingly so that man begins to discover the presence of God. Our pre-Hispanic ancestors believed in love. And how is love manifested in God? Through the elements of nature they venerated: water, sun, earth, and plants. The symbols of God's presence can be found there."

Father Gonzalez insists on his feeling that "these customs come from something very personal. It is something that flows in our blood and cannot be lost. It belongs to people in this region. I learned this from my parents, and we must therefore continue nurturing

veneraban: el agua, el sol, la tierra y las plantas. Los símbolos de la presencia de Dios se encuentran allí".

El sacerdote Rafael González Sánchez insiste en sus sentimientos de que "estas costumbres vienen de algo muy personal, es algo que se lleva en la sangre y que no se puede perder. Pertenece al hombre de aquí, así me lo enseñaron mis padres, por lo tanto debemos seguir cultivando y enseñado nuestra tradición. Esta costumbre nos ayuda a reflexionar sobre la muerte, nos ayuda a prepararnos. He conversado con personas que están enfermas, que les dio un infarto, que estuvieron a punto de morir y nos hablan de una puerta, hablan de un arcoiris y nos hablan de la Virgen María que les dice que no pueden entrar todavía a ese arco lleno de flores, que ellos ven a la distancia, similar al que en esta fecha ponen en sus altares. La entrada a la muerte es como una puerta llena de flores y pienso que nuestros hermanos indígenas eran muy inteligentes al describir como un cíclo el paso de una vida a la otra. Estas fiestas nos recuerdan que 'hoy estamos aquí y mañana no estaremos. Serán otros los que estarán, por eso compartamos el pan. Hoy somos nosotros, mañana serán otros' como dicen los *Clamatini* —nuestros abuelos grandes—."

EL ARCO Y SU SIGNIFICADO

El origen de los altares de muertos se dio a la par con la celebración de los cortejos funerarios. Esta manifestación de *Xantolo* es sagrada, por ello los arcos tienen significado de mucho cariño y mucho afecto en las comunidades. Los hacen en las casas para venerar a los muertos y esperar a los que llegan. Es la creencia de la gente de esta región, que en toda persona que llega de visita está el alma de alguien que ya falleció. Cuando el visitante acude a un hogar se le trata de la mejor manera posible.

En los pueblos de la Huasteca Potosina es costumbre hacer un arco en el interior de la casa y otro afuera. El que

and teaching our traditions. This custom helps us reflect about death. It helps us to prepare ourselves. I have spoken to the sick, people who have had a heart attack, who were close to dying and who speak of a doorway, of a rainbow and of the Virgin Mary who tells them they cannot enter that arch full of flowers yet. They see an arch at a distance that is similar to the one placed on our altars during this time, because the entry into death is like a door full of flowers. I think that our indigenous brothers were very intelligent by describing the transition from one life to another as a cycle. These festivities remind us that 'today we are here and tomorrow we won't be.' There will be others, hence, let us pass the bread. Today it is us, tomorrow it will be others in the words of the *Clamatini*, our great grandfathers."

THE ARCH AND ITS SYMBOLISM

Altars for the dead originated at the same time as funerals. This expression of the *Xantolo* is sacred, and arches are therefore a symbol of caring and love in the communities. They are made in homes to venerate the deceased and await their arrival. People in this region believe that any person who arrives to visit carries the soul of someone who has died. When a visitor arrives at a home, that person is treated like a king because, as they say: "Here comes the soul of so-and-so, within that person."

In the towns of the *Huasteca Potosina*, it is customary to create one arch inside the home and another outside. The one built outside the home is small and serves to honor those souls who have no one to wait for them. It is dedicated to those who have died by drowning, to those who died violently, and to those whose remains have been lost and thus are in need of an arch because they do not know where to go. The arch is decorated

hacen en el exterior de la morada es pequeño y tiene como objetivo honrar aquellas almas que ya no tienen quién las espere. Está dedicado a los que murieron ahogados, a los que murieron violentamente, a los que no saben dónde quedaron sus restos y necesitan de un arco porque no saben a dónde ir. Se adorna con flores de *cempasúchitl* y se incluye también otra flor que se llama *olotillo*.

Los adultos hacen la estructura de madera para los arcos, que es como se denomina aquí el altar tradicional. Se dobla la varilla de madera para darle forma semi circular y se pone frente a la mesa donde se colocan las ofrendas. Muchos van al campo a recoger la palmilla, que es una planta que crece en partes de la Sierra, donde existe vegetación boscosa. La palmilla se corta en estas fechas y tiene la característica que se mantiene verde durante un tiempo considerable. Otros utilizan hojas de un árbol que se llama naranjillo o estribillo, que son redondas a la que también se les da el nombre de palo de arco, se mantienen verdes durante un largo tiempo y son aprovechadas por las personas que no tienen mayores recursos económicos. La limonaria es una planta que tiene las hojas más pequeñas y dura muchos días. Por la facilidad de encontrarla es preferida también, ya que la palmilla o el estribillo no se producen en toda la región.

with *cempasuchitl* flowers as well as another flower called *olotillo*.

Adults make the wooden structure for the arches, which is the name given to the traditional altar in the Huastecan region. The wooden sticks are bent into a semicircular shape and placed in front of a table where the offerings are placed. Many go to the fields to collect *palmilla*, a leafy plant that grows in forests of the sierra. The *palmilla* is cut exactly during this time of year and is known to maintain its green color for quite some time. Other people use the rounded leaves of a tree called *naranjillo* or *estribillo*, also known as *palo de arco* (arch branches). These remain green in color for a long time and are mainly used by people with limited means. The *limonaria* is a plant that has smaller leaves and lasts many days. This plant is preferred because it is readily available, unlike the *palmilla* or *estribillo* which are not easily found in the region. It is appropriate to use any of these three types of leaves although some families plant flowers with twenty petals and make their arches using only *cempasuchitl*.

Every town of the Huasteca has a *tianguis*, or nomadic outdoor produce market, that sets up prior to the *Xantolo* festival. This is where one can purchase *palmilla*, fruits such as tangerines, oranges, limes, and *pemoles* (sweet or savory pieces of bread shaped like bows or rings, sometimes with filling), cheese bread, and all types of sweets. The meaning of the elements that are part of the altar like the arch adorned with *cempasuchitl* flowers, the palm, the bread and the fruits represent the sun or God, life, eternity and paradise. If the arch rests on a wall, it represents the earth. They form bouquets of twenty flowers. That number represents perfection.

The *palmilla*, *estribillo* or *limonaria* are intertwined in the arch with *cempasuchitl* flowers, along with a flower called *mano de leon* (Lion's Paw) that is added to create the appearance of a rainbow. The flowers' fragrance beckons the souls of the departed, an important element within the spirit of the Mexican people. A candle for every deceased family member being remembered is placed on the altar. An incense burner with *copal* (incense) is placed at the foot of the altar. This creates a spiritual atmosphere for the celebration. The arch also symbolizes appreciation for the lives of the people whose souls have arrived to the feast of the dead.

During these three days of remembrance, no one works in the Huasteca region. Residents all involve themselves in worshipping their ancestors, because they do not want the tradition of honoring the souls of the dead to end. Children are involved early in the preparation activities, as well as in the decoration of the arch.

Es apropiado usar estos tres tipos de hojas, aunque hay familias que siembran la flor de de los veinte pétalos y hacen sus arcos adornados solamente con *cempasúchitl*.

En cada una de las poblaciones de la Huasteca se hace un tianguis previo a la fiesta de *Xantolo*. Allí las personas interesadas en adquirirlas encuentran la palmilla, flores, frutas como mandarinas, naranja, lima; los pemoles (panecitos de sal o de azúcar en forma de moños o en roscas, también tipo de empanada), pan de queso y toda clase de dulces.

El significado de los elementos que forman el altar como el arco adornado con flores de *cempasúchitl*, la palma, el pan y los cítricos representan el sol o el dios divino, la vida, la eternidad y el paraíso. Si el arco se apoya sobre una pared significa la tierra. En cuanto a los ramos de flores se realizan con veinte de ellas, pues éste es el número de la perfección.

La palmilla, estribillo o limonaria se enredan en el arco con el *cempasúchitl* y se le agrega una flor llamada mano de león, con el objeto de que "se vea como un arco iris". El olor de ellas atrae el alma de los fallecidos, una creencia muy importante dentro de la espiritualidad que caracteriza esta celebración. En el altar se coloca una vela por cada fallecido que se recuerda y al pie un incensario con copal. El arco representa también un agradecimiento por la vida de las personas cuyas almas llegan a su fiesta de muertos.

En esos tres días de recordación nadie trabaja en la región Huasteca, todos se envuelven en la recordación de sus antepasados, ya que no quieren que la costumbre de honrar el alma de las personas fallecidas se acabe. Con ese objeto inculcan a los niños, desde muy pequeños, a que participen en los preparativos, así como en el arreglo del arco. Les asignan labores fáciles, como formar los rosarios de *cempasúchitl*, que no es otra cosa que ensartar la flor en una piola de dos a tres metros de largo. En general todos los miembros de la familia desarrollan algún tipo de actividad.

La intención de la persona que construye el arco es muy importante, ya que en ese momento piensa en sus muertos y que un día él o ella tampoco estará aquí. Así, se va preparando para cuando le llegue la muerte, encontrarse con ella con valor, certeza y dignidad. Y sobre todo estar consciente de que no es el final, sino el comienzo de una etapa más de la existencia.

El arco, lugar a donde llegan las almas, es un sitio de luz. "En él se coloca la sal que asiste al difunto en su purificación. El agua lo ayuda a aliviar el cansancio por el camino recorrido. La moneda o piedra preciosa se utiliza para que las almas paguen por su paso en el río

They perform simple tasks such as fashioning rosaries from *cempasuchitl* flowers, which requires threading the flowers on a string about seven to ten feet long. Everyone is involved doing one type of work or another.

What is important about the arch is the intention of the person who is making it. The person thinks about the deceased and about the fact that one day they will no longer be there either. In that way, they are preparing themselves so that they can meet death when it arrives with strength, certainty, and dignity, knowing that death is not final, but rather the beginning of another phase of existence.

The arch, the place where the souls arrive, is a place of light, explains Concha Nava. "We place salt on the altar that will help the deceased with purification. Water will help him or her find relief from the journey's fatigue. A coin or precious stone will be used to pay for the passage across the *Chicuachuapan* River. The path traced by the *cempasuchitl* flower will guide them to us and they will remember the living souls that still do penance in the world. The *copal* or incense in the burner, or *popochcomitl*, represents the prayers that rise to the heavens. Limestone powder or soil is sprinkled at the foot of the altar so that souls may leave their footprints as they walk through."

Some make their altars with double arches, one in front, the other in back. The first is used so that the souls reach the altar and the second so that they can leave once the celebration has ended. The incense burner with *copal* is placed on the altar as the lady of the house makes sure that everything is in place at the altar. If she sees that there are no more *tamales*, she brings out more. Pigs are purchased in May so that there is time to fatten them up and kill them around the time of the *Xantolo*, to share with visiting relatives and friends. Pork meat is used to make *tamales*, *zacahuiles*, *tlapaches*, *patloches*, *carnitas* and *chicharrones* (fried pork rinds), while the owners of the home take pleasure in sharing what has been prepared.

The *zacahuil* is a big *tamal* that can measure up to 7 feet long and feed up to 250 people. It is made with cracked corn flour with a little hot chili pepper and is stuffed with either pork or chicken. It is placed in an oven and cooked with firewood, wrapped in banana leaves or *papatla* leaves. *Papatla* leaves can be found in the same area where the corn is grown. As these leaves grow, they are cut to allow the cornstalk to develop. The cut leaves are then used to wrap the *zacahuil*.

Visitors are welcomed in all of the homes. It is important to know how to eat during the *Xantolo* festival. At one home, you eat a *tamal* and in another you

Chicuachuapan. El camino realizado de la flor del *cempasúchitl* los guía hasta el arco. El copal o el incienso en un sahumerio o *popochcomitl* representa las oraciones que se elevan al cielo. Se pone cal o tierra al pie del altar para que las almas dejen sus huellas al pasar por ella", informa la Arquitecta Concha Nava.

Algunos hacen sus altares con un doble arco, uno adelante y otro atrás. El primero sirve para que las almas entren hasta su altar y el segundo para que salgan, cuando concluye la celebración. Allí se pone el sahumerio, se quema el copal, en tanto que la señora de la casa está pendiente de que no falte nada. Si observa que los tamales se están terminando pone más. Los puercos se compran en mayo para engordarlos, matarlos en esta época de *Xantolo* y compartirlo con los amigos y familiares. Con su carne hacen tamales, zacahuiles, tlapaches, patloches, carnitas y chicharrón, ya que el mayor placer de los dueños de casa consiste en compartir lo que preparan.

El zacahuil, un tamal muy grande que puede llegar a medir hasta dos metros de largo y que sirve hasta 250 personas, es elaborado con masa de maíz quebrado, con un un poco de chile y relleno con carne de puerco o de pollo. Se lo envuelve en hojas de papatla o de plátano y se cocina con leña en horno de lodo. La hoja de papatla brota en la tierra que se cultiva el maíz, a medida que esta hoja va creciendo se va cortando para que se desarrolle la planta del maíz, aprovechándose la hoja de papatla para envolver el zacahuil.

drink a cup of chocolate. In the next, you accept some fruit, so that in this way you take part in building the offering. This is because if one neighbor sees that the guest visits other homes and not theirs, they will take it as a personal offense. Unlike other regions in Mexico, it is not customary in the *Huasteca Potosina* to take something for the altar to a home one is visiting.

A common ritual when one visits a home to see the altar is that the guest must throw some *copal* into the incense burner before eating. The incense burner is used to distribute the smoke around the altar. Similarly, when one picks up a *tamal*, one must allow a little piece to drop on the floor. This is an ancient belief that the earth must be fed first. This is also done with a drink taken from the altar. Before taking the first sip one must let a small amount spill on the floor. In Nahuatl this is called *tlaquichines*, which is giving thanks to the god of corn and the god of water, while feeding souls at the same time. The hosts do not care if food or drink is spilled on the floor since by doing so the guest is showing his gratitude. Even though most residents of the region, including Nahuatls, Tenek and Pames are Catholic, they are aware that their ancestors venerated the elements of nature.

It is also customary in the *Huasteca Potosina* to create a pathway of *cempasuchitl* petals from the altar and out the front door of the house. Humans must not step on this pathway, as it is only meant for the souls who supposedly arrive barefoot.

En todas las casas son bien recibidos los visitantes. Recomiendan saber comer y beber en la fiesta de *Xantolo*. En una casa se consume un tamal, en otra se bebe una taza con chocolate, en la siguiente se acepta una fruta, para así, controlados, poder participar levantando las ofrendas. Si se desiste en continuar y un vecino ve que el visitante va a otra casa y no llega a la suya, lo toma como una ofensa personal. Diferente a otros lugares en la República Mexicana, en la región Huasteca Potosina no es costumbre que la persona que llega contribuya con algo a la ofrenda.

Como parte del ritual, cuando se visita una casa donde se ha sido invitado a ver el altar y antes de comer, el visitante tiene que echar copal en el sahumerio. Con el sahumerio esparce el humo alrededor del altar. Igualmente, cuando recoge un tamal tiene que tomar un pedacito y dejarlo caer en el suelo. Es una creencia ancestral de que primero hay que darle de comer a la tierra, lo mismo se hace si tomar un refresco. Antes de llevárselo a la boca hay que dejar caer una pequeña cantidad del líquido en el suelo. En nahua se llama *tlaquichines*, que consiste en dar gracias al respectivo dios del maíz y al dios del agua, a la vez que se da de comer a las almas. A los dueños de las casas no les importa que la comida o la bebida caiga en el piso, ya que de parte del invitado el sujetarse a la costumbre es una demostración de agradecimiento.

También se acostumbra en la Huasteca Potosina a hacer el caminito que va desde el altar hasta fuera de la casa. Es una senda hecha con pétalos de *cempasúchitl*. Los humanos no debemos pisarlo, es solamente para las almas que supuestamente llegan descalzas.

En la cultura tének, el 31 de octubre se espera la llegada de las almas de los angelitos: los niños y los jóvenes. En este día se comienza a preparar las primeras ofrendas, que no llevan carne, se hace el atole de maíz, tamalitos de zarabanda, dulces de calabazas, ya que son alimentos que pueden comer los niños. Al alba, los dueños de casa prenden las velas, riegan pétalos de flores de *cempasúchitl* hasta fuera de sus casas y salen llevando incienso y una vela encendida para recibir a las almas de los angelitos. Entran con ellos al que fue su hogar acompañándolos hasta el altar en tanto que rezan un "Padre Nuestro" y tres "Ave Marías". Al medio día se hace otro encuentro en los caminos, a la mitad de la tarde y luego a las seis van a recibirlos nuevamente.

El primero de noviembre se recibe a los grandes, a los difuntos adultos. Se repite el ritual de recibimiento que se efectuó con las almas de los niños. A ellos les ofrendan tamales de cerdo o de pollo, café y alguna bebida si les gustaban y objetos que les pertenecieron.

On October 31st, Tenek people await the arrival of the souls of the children and youth called "little angels." On this day the first offerings, which are meatless, are prepared. This includes the *atole* (corn flour drink), *zarabanda tamales*, squash candy, and foods that children enjoy eating. At daybreak, homeowners light candles, toss *cempasuchitl* flower petals to the outside of their homes, and carry incense and a candle to welcome the souls of the "little Angels." Friends accompany the family to the altar while reciting an "Our Father" and three "Hail Mary's." They meet once again on the pathway at noon, in the late afternoon, and again after six o'clock, when people welcome the souls once again.

On November 1st, the adult souls are welcomed. As for the children, the souls are welcomed in the morning, at noon, and in the evening, as they arrive at the road-

La Iglesia Católica dedica el 2 de noviembre a los Fieles Difuntos. Ese día es costumbre ir al panteón, no solamente llevando flores sino que se lleva comida, porque la comida es una ofrenda que comparten al pie de la tumba, con los difuntos. Las familias tének conviven y colocan en las cruces los rosarios de *cempasúchitl*. Los nahuas hacen algo similar.

Los habitantes de la Huasteca tienen sus propias oraciones para darle la bienvenida a sus familiares difuntos y lo hacen en su lengua. La oración entre los tének, con la que reciben a las almas dice: "Te recibimos con todo el gusto y cariño, ya que en este día has llegado y te presentamos las ofrendas que ves aquí en la mesa, para que puedas compartir con nosotros". Si hay músicos tocan las danzas tének. Los nahuas tocan el binuete que es una música especial para las velaciones.

Según Flavio Martínez Terán, anteriormente no se ponían imágenes católicas, la costumbre era colocar mazorcas envueltas en servilletas bordadas, porque se trataba también de un culto al dios del maíz. En la actualidad las colocan todavía, pero predominan las imágenes católicas.

Durante el día llegan los familiares y les dan de comer frente al altar. Hay personas que van de casa en casa rezando. Se anuncia la llegada de las almas con cohetes, una práctica de muchas comunidades.

El 3 de noviembre, los habitantes de varias poblaciones barren los pétalos de *cempasúchitl* que habían

side. They are offered pork and chicken *tamales*, coffee and a favorite drink, as well as other items that belonged to them when they were alive.

The Catholic Church dedicates November 2nd to the Day of the Faithfully Deceased. It is customary to visit the cemetery on that day, taking flowers and food as well. Food is offered and shared with the dead at the foot of the tomb. Tenek families spend time together and place *cempasuchitl* rosaries on the tomb crosses. The Nahuatls perform a similar ritual.

The residents of the Huasteca have their own prayers to welcome their deceased relatives, spoken in their own language. The Tenek prayer translates to: "We welcome you with great pleasure and affection on this day of your arrival and we present you with the offerings you see before you on the table so that you may share them with us." Musicians, when available, play Tenek dance music. The Nahuatls play the *binuete*, which is a special type of music for vigils.

According to Tenek leader, Flavio Martinez Teran, Catholic images were not used in the olden days. People traditionally placed cornhusks wrapped in embroidered napkins in reverence to the god of corn. Nowadays, cornhusks are still used but Catholic images dominate.

Throughout the day, family members arrive and are given food in front of the altar. There are those who pray from home to home. It is customary in many communities to announce the arrival of the souls with fireworks.

colocado desde el altar hasta el camino, por donde entraron las almas. Hacen un nuevo sendero con pétalos para que las ánimas salgan. Las acompañan sus familiares llevando en sus manos el sahumerio donde se quema el incienso y una vela encendida. Los despiden con una invocación parecida a ésta: "Les damos las gracias que nos visitaron y los dejamos en las manos de Dios".

Como nota interesante sobre los usos de esta región, no se acostumbra a poner la calavera de azúcar, como se lo hace en otros lugares del país.

OCHAVARIO

El ochavario es una serie de actividades de carácter religioso, que se llevan a cabo en algunas de las comunidades, en las cuales todavía persiste la costumbre. Después del 2 de noviembre comienza una época que los habitantes de esta región llaman ochavario, que son ocho días más de fiesta, pero más leve. El 3 de noviembre la gente vuelve a su trabajo, las actividades se normalizan y los niños regresan a la escuela, pero el altar sigue en la casa ocho días más, porque creen que las almas andan todavía por allí. Vuelven a preparar ofrendas consistentes en tamales y atole. Se reza el rosario al atardecer, en el que participan amigos, familiares y vecinos más cercanos. El ochavario culmina con una misa en la cual se menciona el nombre de los difuntos y a continuación se ofrece un convivio gastronómico. En algunos lugares también se hacen danzas propias para la ocasión, que interpretan hombres y mujeres.

Los habitantes de la Huasteca "sienten" que el 9 de noviembre, cuando termina el ochavario, las almas vuelven a su lugar de reposo. Esa noche se quita la ofrenda, a lo cual le dan el nombre de "la levantada". En algunos lugares se continúa con este ritual por 15 días o hasta terminar el mes de noviembre.

En la comunidad de Los Pinos, por ejemplo, don José Guadalupe Martínez cree que las almas llegan a visitarlos el 29 de octubre, Día de San Pedro y que permanecen con ellos hasta el 30 de noviembre, día de San Andrés, cuando se preparan los últimos tamales.

In many areas residents conduct a ritual on November 3rd which consists of sweeping the *cempasuchitl* petals that mark the pathway from the altar to the entrance from which the souls come. They distribute new petals so that the souls can leave, while their relatives accompany them by burning incense and a candle. The souls are bid farewell with an invocation that translates to: "We thank you for visiting us and leave you in the hands of God."

It is interesting to note that in this region it is not customary to use candy sugar skulls on the altar as is done in other parts of the country.

OCHAVARIO

The *Ochavario* is a series of religious activities that take place in certain communities where this custom is still alive. November 3rd marks the start of the *Ochavario*, consisting of eight days of more demure festivities. On November 3rd people return to work. Other activities return to normal. Children return to school. The altar, however, remains in the home for eight additional days because it is believed that the souls are still around. Once again, offerings of fresh *tamales* and *atole* are prepared and are placed on the altar. Relatives, friends and neighbors gather to pray the rosary at dusk each night. The *Ochavario* culminates with a Catholic mass in which the names of the departed are mentioned and a gastronomic feast is offered. In other places, both men and women perform dances.

The residents of the Huasteca feel that on November 9th, at the conclusion of the *Ochavario*, the souls return to their resting place. That evening, the offerings are removed in a ritual called the *levantada*, the removal. In some places, the ritual of *Ochavario* continues for 15 days or until the end of the month of November. For example, in the Los Pinos community, resident Jose Guadalupe Martinez believes that souls first arrive to visit on October 29th, *Dia de San Pedro*, and stay until November 30th, *Dia de San Andres*, when the last of the *tamales* are prepared.

Al levantar el altar, los dueños de casa guardan algunas semillas de las flores que estuvieron en el arco porque son consideradas benditas. Esas semillas serán esparcidas sobre la tierra el 24 de junio del siguiente año, iniciándose así un nuevo ciclo de preparativos para el siguiente *Xantolo*.

VELACIÓN EN LOS CEMENTERIOS

Los miembros de las diferentes comunidades van al cementerio de día; no es costumbre de ellos de ir por la noche, porque consideran el cementerio como un lugar sagrado al que se respeta mucho. El 2 de noviembre, los familiares llevan la ofrenda de todo lo que se ha hecho en casa y la ponen al pie de la tumba de los difuntos, rezando una oración parecida a ésta: "Aquí te traemos una muestra de lo que hemos preparado para agradarte en estos días". Esparcen agua bendita y entierran un poquito de comida de cada uno de los platillos que han cocinado. Colocan las flores y prenden las veladoras. Eso se hace durante la mañana del dos de noviembre.

La danza en los cementerios es parte de la celebración porque es una muestra más de la convivencia con los familiares, aunque algunos sólo las interpretan en sus casas, dependiendo de la comunidad. Con los movimientos corporales de la danza se refleja una espiritualidad muy profunda. La música de la región habla del fuego, de la lluvia, de la luz y de los animales con los que conviven y es interpretada por un pequeño violín, al cual llaman ravel, un arpa de 24 cuerdas, construida de manera artesanal y con elementos de su contexto. La madera es del área y las cuerdas, en ocasiones, están hechas de los intestinos de animales, como gatos salvajes.

En cuanto a la velación nocturna no es muy común en la región Huasteca, aunque se da en los cementerios de algunos pueblos. No es parte de la cultura tének tampoco, porque según sus creencias la noche entraña el misterio, lo desconocido, lo negro, lo que no está claro. Los muertos están sumidos en las sombras y se les trata con respeto y con cierto temor.

While removing the altar, homeowners save some seeds from the flowers used on the arch because they are considered to be holy. They toss these seeds on the ground on June 24th of the following year, thereby initiating a new cycle of preparation for the next *Xantolo* festival.

VIGIL AT THE CEMETERIES

Community members in the region visit the cemetery during the day, not at night. They consider the cemetery a sacred place that must be respected. On the morning of November 2nd, family members take the offering containing all that was made at home and place it at the foot of the tomb of the deceased with a prayer that translates to: "We bring you a sample of what we have prepared to please you during these days." They sprinkle water on the ground and bury a bit of food from each dish that was prepared. They place flowers on the grave and light candles.

Dances in the cemeteries are integral to the celebration as another expression of sharing with family, although some people only dance in their homes, depending on the community. The dance movements reflect a very deep spirituality. Music from the region talks about fire, rain, light, and the ranch animals. It is played on a small violin, called a *ravel*, and on a 24-string hand made wooden harp. The strings are made of intestinal gut obtained from animals such as wildcats.

Nocturnal vigils are uncommon in the Huasteca region, although they are practiced in the cemeteries of some towns. Nor are they part of Tenek culture, given their belief that night evokes mystery, darkness, the unknown, and the obscure. The dead are submerged in the shadows and are thus treated with respect, and with certain fear.

This time-honored tradition of San Luis Potosi has endured changes to the point where certain residents of the region began to celebrate nocturnal festivities; per-

Esta costumbre tan arraigada en San Luis Potosí, ha sufrido transformaciones a tal punto que según algunos habitantes de la región se comienza a realizar la celebración de las festividades nocturnas, tal vez influenciadas por las costumbres y tradiciones de poblaciones como Tzintzuntzan, en el estado de Michoacán. Los medios de comunicación y la influencia del mestizaje sobre la etnia ha favorecido que se fomente ese tipo de actividad.

En lo que respecta la celebración nocturna, en el cementerio de Papatlas y Chalchocoyo, los bailarines interpretan varias danza rituales propias de la ocasión. Después de bailar, comen los tamales grandes (*patlache*), al tiempo que ofrendan un pedacito de la comida dejándolo caer al suelo, dando así de comer primero a la madre tierra.

En comunidades como La Ceiba, Tampacán, Totomoxtle, los habitantes van al cementerio el 29 de noviembre, llevando veladoras. En esa ocasión también hacen tamales. Llegan al camposanto al atardecer, colocando un arco en cada tumba, allí velan hasta las 2 de la madrugada del día siguiente.

haps influenced by the customs and traditions of towns such as Tzintzuntzan in the state of Michoacan. The media and mestizo culture have also influenced ethnic traditions in favor of these type of activities.

Regarding the nocturnal celebration, various ritualistic dances are performed exclusively for this event in the cemetery of Papatlas and Chalchocoyo. After dancing, people eat the big *tamales* called *patlaches*, honoring the tradition of dropping a piece of food to the ground so that the earth may eat first.

In communities like La Ceiba, Tampacan, and Totomoxtle, people traditionally visit the cemetery at night with candles on November 29th. They also make *tamales*, arrive at the cemetery at dusk and place an arch at every tomb, keeping vigil until 2:00 in the morning of the following day.

These celebrations have certain similarities with those of the Huasteca Nahuatls, descendants of the Aztecs. Their rituals specifically address their ancestors, although they also include dance, food, and music. Similarities between the Nahuatls and the Teneks are due to the fact that these two cultures share geographical regions and interests.

Los nahuas de la Huasteca, descendientes de los aztecas, realizan sus celebraciones de manera parecida. El mensaje de ellos también está dirigido a sus antepasados. Tienen también la danza, la comida, la música. La similitud con los téneks se debe a que son dos culturas que conviven en la misma región geográfica y comparten los mismos intereses.

LOS PAMES

Aunque no estuvimos en la zona centro de San Luis Potosí donde radican los pames la información entregada por la Arquitecta Concha Nava, referente a la celebración de *Xantolo*, es sumamente importante por lo que la transcribimos a continuación: "En la zona centro, prácticamente donde se forma una panza parecida a la del perro, que delimita el estado, se presenta la etnia de los pames. En la comunidad de Santa María Acapulco, su centro ceremonial se ha considerado como la Capilla Sixtina de México, allí encontramos un templo del siglo XVIII.

"Las figuras principales dentro de la sociedad pame son el chamán y el gobernador. Ellos se encargan de festejar a los muertos en sus ceremonias religiosas, en donde mezclan sus ritos ancestrales en un sincretismo con la religión católica.

"Ellos tomaron del cristianismo la fecha religiosa del dos de noviembre y algunas oraciones, que al son de la música con violines e instrumentos de percusión representan en danzas y cantos.

"Los pames rinden culto a sus muertos niños o angelitos. En estas ofrendas la ingenuidad y ternura del pame adquiren su mayor expresividad, pues entre los regalos que le dejan a los angelitos ofrecen galletas realizadas en formas de vacas, perros, gatos, pájaros, coyotes y que más que alimento son ofrecidas como juguetes, pues los niños a diferencia de los adultos, por no tener pecados se fueron directamente al cielo, sin necesidad, como los grandes, de recorrer caminos de espinas.

THE PAMES

Although we did not visit the central region of San Luis Potosi where the Pames live, we found the information arquitect Concha Nava provided us regarding the Pames *Xantolo* festival to be quite interesting. She wrote: "The central region, shaped like the potbelly of a dog, on the state border, is where we find members of the Pames ethnic group. Their ceremonial center is an 18th Century temple in the community of Santa Maria Acapulco that is considered Mexico's Sistine Chapel.

"The central figures in Pame society are the shaman and the governor. They are charged with celebrating the dead through pagan religious ceremonies where ancestral rites are combined with Catholic beliefs to form a syncretism in the Catholic religion. Christianity gave them the religious date of November 2nd, along with certain prayers that they perform with dancing and singing to the sound of violins and percussion instruments.

"The Pames honor their dead children, as visiting angels. Pame ingenuity and tenderness reach the highest form of expression in the offerings and gifts for the 'little angels,' which include cookies shaped like cows, dogs, cats, birds and coyotes. These are used more as toys than as food, because the children, unlike adults, being free from sin, went straight to heaven without having to suffer the trials of life.

"The social center of Pame community is the central cross in the atrium of the local baroque temple, or the temple's interior. The naive imagination of the Pame has them see the continuity of their gods in the Catholic Saints, which they dress in the attire imposed upon them by the Spanish. For them, the Catholic temple is a gathering place for both the living and the dead.

"During the Pame ceremonies honoring the dead, in remembrance of some unknown rite, a skull is placed on one of the altars. Their ceremonial dances and singing take place around this skull at the base of the baroque panels. The skull of Saint Gregory is washed and placed

"El centro de todas las actividades en la comunidad pame se realiza especialmente al frente, en la cruz atrial o dentro del templo de estilo barroco popular. Imaginería pura e ingenua del pame que ve en los santos católicos la continuación de sus dioses, a los que disfraza con las vestiduras que los españoles les impusieron. Para ellos el templo es un lugar de reunión de los vivos y los muertos.

"Durante las ceremonias en honor a los difuntos, como reminiscencia de quién sabe qué rito, sobre uno de los altares se coloca una calavera, en torno a la cual y al amparo de los retablos barrocos se realizan las ceremonias que consisten en cantos y danzas. La calavera de don Gregorio es lavada y orientada desde el retablo barroco principal, formando un eje hacia la cruz atrial y a la luz de las velas de cebo es coronada con flores de *cempasúchitl*.

"Los pames usan, además de la flor de *cempasúchitl* las flores de sotol, que es una especie de maguey con las pencas muy delgadas y que al retirarse de la piña, se forma una capa como la cebolla y con este tramo se teje las pencas dejando la parte que parece cebolla como si fuera pétalos.

"En esta etnia, al igual que en la huasteca, la presencia de la mariposa es muy importante, pues representa al dios Venus, que es el fuego, la vida, el nacimiento, la muerte, el inicio y el fin. Debido a la creencia de que el dios *mamalhuastetl*, con su bordón de mando o bastón de fuego, al hacerlo frotar saltan chispas que representa el nacimiento de varias vidas.

"También, de acuerdo a sus creencias, cuando alguien muere pasa por diferentes pasajes y procesos, pero el Ser que todo lo puede, le da la oportunidad en la celebración de los muertos para visitar a sus familiares en forma de mariposa, que coinciden con el paso de la mariposa monarca en la época de invierno rumbo a los santuarios ubicados en los estados de México y Michoacán.

"En la zona del Altiplano, donde predominó la etnia chichimeca o *huachichitl*, el rito a sus muertos era muy diferente al de las etnias que estaban asentadas en un sitio fijo. Los chichimecas, que eran nómadas, en lugar

facing the main baroque panel, so that an axis is formed towards the atrium cross. A crown made from *cempasuchitl* flowers is then placed on the skull, under the lights of candles made of *cebo* (animal fat).

"In addition to *cempasuchitl*, Pames use the *sotol* flower, which is a type of *agave* (maguey) with very thin sheaths. When the sheaths are detached from the main stalk, an onion-like layer is formed that is braided giving the appearance of flower petals.

"The butterfly is of paramount importance to the Pames, just like any other ethnic group in the Huasteca, as it represents the god Venus, that is fire, life, birth, death, the beginning and the end. This is due to the belief that the god *Mamalhuastetl* rubs his scepter of fire to create sparks that represents the birth of many lives.

"According to Pame beliefs, when someone dies they go through many different processes and ordeals, but it is the all-powerful Being who gives them the opportunity to visit their living relatives in the guise of a butterfly during the celebration of the dead. The festivity occurs during the same time of year in which the monarch butterfly returns to its winter sanctuaries in the states of Mexico and Michoacan.

"In the highlands, where the *Chichimeca*, or *Huachichitl* ethnic groups predominated, the rituals for the dead were very different from those practiced by sedentary groups. The *Chichimecas* were nomadic. Instead of burying their dead, they incinerated them. They would place the ashes in knapsacks and carry them close to their body so the deceased would protect them. During battle, especially during the war known as *Guerra a Sangre y Fuego* (the War of Blood and Fire) that lasted from 1550 to 1590, they would scatter the ashes and throw them at the eyes of the attacking enemy for protection and assistance. Altars appeared in the region after the conquest as a result of religious syncretism. The practice was reinforced as a result of the nationalist reclaiming of cultural values of the 1930's. The altars of the area are adorned with *sotol* and

de enterrar a sus muertos los incineraban. Colocaban las cenizas en morralitos y las llevaban consigo, junto a su cuerpo, con el objeto de tener la protección de sus difuntos. Cuando se presentaba una batalla, sobre todo aquella que duró más de cuarenta años de 1550 a 1590, conocida como la Guerra a Sangre y Fuego, al ataque del enemigo esparcían las cenizas y las lanzaban sobre los ojos del atacante, como protección y ayuda. Los altares en esta región se dieron posterior a la conquista y al sincretismo y se refuerza con la reivindicación nacionalista en los años treinta del siglo XX. Los altares de esta región se decoran con flores de sotol, *cempasúchitl* y ofrendas regionales, principalmente en frutas deshidratadas como tunas, orejones de manzana, calabaza, dulces de chilacayote, alfajores y todo aquello que era la predilección del difunto querido".

MÚSICA Y BAILES EN *XANTOLO*

Existen danzantes a los que llaman los Coles, conocidos también como los Viejitos. Ellos bailan y transmiten sus enseñanzas a sus hijos para que no se pierda la tradición de las danzas de *Xantolo*. Usan máscaras que ellos mismo elaboran y comienzan este ritual musical el 31 de octubre por la noche, continuando hasta el dos de noviembre.

La danza tiene una estructura circular, porque las comunidades tének describen la tierra como un círculo de vida que se abre y se cierra: de nacimiento, existencia y muerte, de tal manera que para ellos la vida es un círculo y lo representan a través de la danza, que es religiosidad y fervor durante el culto de los muertos.

Existen bailes especiales para *Xantolo*, que se llaman de ofrendas, tanto en la llegada como la salida de los muertos. Los bailan en la casa y en el cementerio. Cuando los miembros de la comunidad tének visitan las casas, como es tradicional en esta época, en señal de respeto danzan dándole gracias a la tierra. En cada uno de los pasos que dan se asienta el pie con mucha energía, estableciendo un contacto fuerte con la tierra. Al partir hacen lo mismo. A

cempasuchitl flowers and regional offerings that included dehydrated fruit such as prickly pear, apples and squash; candied *chilacayote* squash, *alfajores*, and everything the beloved deceased enjoyed in life."

MUSIC AND DANCING IN *XANTOLO*

There are certain dancers called the Coles, known as *los Viejitos* (the Old Ones). They dance and pass on their teachings to their children so that the traditional dances of the *Xantolo* are not lost. They use masks they craft themselves and conduct this musical ritual on the night of October 31st through November 2nd.

The dance has a circular structure because Tenek communities describe the earth as a circle of life that opens and closes: Birth, existence, and death, the circle of life represented in dance, an expression of the devotion and fervor of the cult of the dead.

There are special dances for *Xantolo*, called "offerings," used for both the arrival and departure of the dead. These dances are performed at home and in the cemetery. When members of the Tenek community visit homes, as is the custom, they dance to show respect and appreciation for the earth. Dancers step vigorously to create a strong link with the earth. Upon leaving they do the same thing to show respect through their dancing. The dance is performed in a circular fashion, both when they arrive as when they leave. Before parting they give thanks to the earth where they arrived and to their hosts for being welcomed and fed. The emotional mood of those gathered has a significant effect. If the musicians are playing with *gusto* and joy, the dance grows and becomes more emotional. Those who play the *ravel* (violin) and the harp send a strong message that incites the dancers to move with more enthusiasm throughout the night. A single dance can last from half an hour up to two hours. Each is divided into 15-minute recitals with a short break in between.

The rattle, or *chinchin*, carries the rhythm of the dance along with the *ravel*. They are the instruments

través de este ritual musical muestran respeto. Tanto a la llegada como la salida la danza que se hace es circular. Al partir se da gracias a la tierra donde se llegó y a los dueños de la casa que los atendieron y les dieron de comer.

El estado de ánimo influye mucho, si los músicos están tocando con gusto y alegría la danza crece, se vuelve más emotiva. Los que interpretan el ravel y el arpa les envían un mensaje fuerte que los motiva a bailar con más entusiasmo, a lo largo de toda la noche. Una danza se puede extender desde 30 minutos hasta dos horas. Se realizan en etapas de 15 minutos, entre los que se da un descanso.

La sonaja o el chinchín es la que le da el ritmo a la danza, junto con el ravel. Estos son los instrumentos que se usan en las danzas en los cementerios. Lo único que varía es el mensaje que envía. Por ejemplo la danza del sancansón puede ser utilizada para alegrar una fiesta, pero también puede ser utilizada para homenajear a los muertos, porque es la intención con que se toca y se baila lo que cuenta. La música ayuda a favorecer la expresión del cuerpo y del espíritu, es por eso que no importa el nombre de la danza, ni exactamente el tipo de música para la ocasión, lo importante es la intención.

used in most dances at the cemeteries. The only variation is the message that is sent through the dance. For example, the dance of the *Sancanson*, can be used to liven up a party, but it can also be used to pay homage to the dead. What's important is the intent with which one plays and dances. The music helps the body and spirit express themselves and this is why the name of the dance and the type of music played are of little importance.

Concha Nava concludes: "The dance of the *hue-hues*, or *sheshume*, is performed to the music of a violin and a *huapanguero*. Indigenous people of the Huasteca use the dance to celebrate pagan festivities and mock mestizo celebrations. The *huehue* is performed once a year during *Xantolo*, mainly in the Tancanhuitz de Santos, or Ciudad Santos, ceremonial center. The dance has an indefinite duration, between a few hours and up to several days and involves a minimum of four paired dancers. Dancers dress up in grotesque costumes, using the *cuatupil* (a walking stick, made from an aquatic reed and covering their heads with a *huzhuacate*, or bandana. The dancers are usually men, but since the female presence is essential, one of them dresses as a woman or as a bride. Devil and death characters are also

"La danza de los huehues (sheshume), se baila con música ejecutada por violín y huapanguero. El indígena huasteco aprovecha la danza para celebrar sus fiestas y para ridiculizar las celebraciones mestizas. El baile huehue se realiza una vez al año en la fiesta de *Xantolo*. El lugar predominante de la danza es el centro ceremonial de Tancanhuitz de Santos o Ciudad Santos. Su duración es ilimitada, puede prolongarse por varias horas o días y se integra por parejas de cuatro en adelante, su vestimenta consiste en disfrazarse en forma grotesca, utilizando el *cuatupil* (bordón que es de carrizo). Los danzantes cubren su cabeza con una máscara realizada en madera panuche que es muy suave y tapan su cabeza con un *huzhuacate* (paleacate o mascada). Generalmente son hombres y como es imprescindible la presencia de la mujer, alguien se viste de ella o de novia. También participan la muerte y el diablo. A la danza pueden agregarse los personajes que se deseen y va de acuerdo a la creatividad del grupo de danzantes", informa la Arquitecta Concha Nava.

Como en muchos lados de México, La Huasteca Potosina vive su tradicional *Xantolo* con intensidad, con el regocijo de "sentir" las almas de los que han partido y, que similar a un círculo, en el que el cielo y la tierra convergen, la convivencia de los vivos con los muertos mantiene firme la identidad de estos pueblos, con ese vínculo de espiritualidad.

involved, as well as any other characters the dancers may devise."

As with many other places in Mexico, the *Huasteca Potosina* experiences its traditional *Xantolo* with intensity; joyfully experiencing the souls of the deceased. And just like heaven and earth converge in a circle, the spiritual link that results from the communion of the living with the dead keeps the identity of these people alive.

Hidalgo

Con su legado indígena y la influencia de la cultura española, Hidalgo presenta una serie de facetas que van desde su cultura milenaria hasta un acervo histórico, que es herencia de un pueblo alegre y hospitalario. Las bellezas naturales sirven de marco a conventos y monasterios, a figuras de Atlantes gigantes y a haciendas mineras y pulqueras donde el esfuerzo de sus trabajadores todavía se siente flotar entre sus muros.

El estado de Hidalgo está localizado en el centro del país y colinda al norte con San Luis Potosí, al este con Puebla, al sureste con Tlaxcala, al sur con el Estado de México, al oeste con Querétaro y al noreste con Veracruz.

Hidalgo está dividido en cinco regiones geográficas: el Valle del Mezquital, la Huasteca, la Sierra, el Altiplano y la región de la Montaña. Cada una de las regiones merece una visita especial para poder observar las características particulares que las diferencia tanto en su cultura, clima, orografía, flora y fauna.

Pachuca, la capital del estado, fundada en 1598, está sólo a 95 kilómetros al norte de la Ciudad de México, con una comunicación excelente a través de una super carretera, la que ubica al visitante en una hora en la "Bella Airosa", como se conoce también a Pachuca. Tomando como punto de partida esta ciudad es fácil movilizarse hacia sus montañas, valles, llanos, desiertos y selvas tropicales.

With its indigenous legacy and the influence of Spanish culture, Hidalgo presents a series of aspects from its ancient culture to a historical richness that is the legacy of its inhabitants who are known for their hospitality. The natural beauty serves as a backdrop to convents and monasteries, giant Atlantis-like figures, as well as mines and *pulqueras* (wineries) ranches where the workers' struggles seem to be etched within its walls.

The state of Hidalgo is located in the heart of Mexico, bordered by San Luis Potosi to the North, Puebla to the East, Tlaxcala to the Southeast, the State of Mexico to the South, Queretaro to the West, and Veracruz to the Northeast.

Hidalgo is divided into five geographical regions: Valley of Mezquital, Huasteca, Sierra, Altiplano, and the Mountain Region. Each of these regions deserves a special visit in order to appreciate the qualities that set them apart from each other as far as culture, climate, topography, flora, and fauna.

Pachuca, the capital city was founded in 1598 and is 59 miles north of Mexico City. Its excellent highway leads visitors through a one-hour stretch to the city, which is also called *Bella Airosa*. One can easily roam to the mountains, valleys, plains, deserts, and tropical forests from this location.

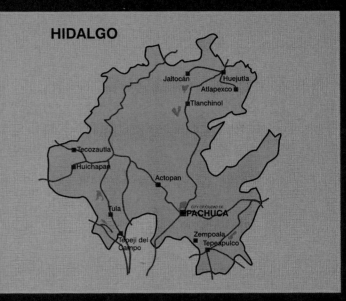

FE EN *XANTOLO*

Han vuelto, han vuelto a casa nuestros seres queridos
¿Quién dijo que se fueron para toda la vida?
Abramos nuestras puertas, hagamos la comida,
compartamos con ellos los sueños presentidos.

Vuelven, vuelven a casa, ya escucho sus latidos
en los pasos ocultos el alma va encendida;
todos la recibimos... parecía escondida
en los dulces perfumes, a solas percibidos.

Tamales de *Xantolo*: exquisitos manjares.
Huele a vida, es la esencia, la saliva quemada
o el corazón que sabe de dónde viene el viento.

La fe nos recompensa, es reina en los hogares,
ella nos lo da todo y, sin apenas nada
le damos a la ausencia belleza y sentimiento.

Julie Sopetrán, 2001
Poetisa española

FAITH IN *XANTOLO*

They have returned, our loved ones have returned home
Who said they had left for good?
Let us open our doors, let us prepare the food
let us share with them our foreboding dreams.

They return, they return home, I can hear their heartbeats
the soul is on fire in hidden steps;
we welcome her. . .seemingly hidden
among the sweet aromas, sensed in solitude.

Xantolo's tamales: exquisite dish.
There is a scent of life, it is the essence, the scorched saliva
or the heart that knows where the wind comes from.

Faith rewards us, she reigns in all homes,
She gives us everything and, barely anything
we give her absence beauty and feeling.

Julie Sopetran, 2001
Spanish Poet

El *Mijkailjuitl* o *Xantolo* en la Huasteca Hidalguense: Es un tiempo de luz, de vida y de intimidad familiar

El año, que parece empezó hace pocos días, ha visto pasar las semanas y los meses; octubre se acerca, lo siento en mi piel, en la emoción que me embarga al pensar en el recorrido que realizaré en esta ocasión a través de diferentes comunidades de la Huasteca Hidalguense, conviviendo con sus habitantes en la celebración del *Mijkailjuitl* o *Xantolo*.

El día finalmente llegó, después de un rápido recorrido por el centro de Pachuca, capital del estado de Hidalgo, conocida también como la Ciudad de los Vientos, nos dirigimos hacia la región Huasteca deteniéndonos en diferentes poblaciones para visitar sus templos católicos. Parches de amarillo intenso de los campos cubiertos por el *cempoalxóchitl* (*cempasúchitl*) florecido, listo para ser cortado y colocado en los altares y sobre las tumbas, nos dieron la bienvenida a lo largo del camino. Esta flor del amor, llamada así porque es amada por los muertos, junto con flores silvestres de diferentes tonalidades, matiza a fines de octubre los diferentes verdes del panorama de la Sierra y la Huasteca Hidalguense.

The *Mijkailjuitl*, or *Xantolo*, is in the Huasteca Hidalguense: A time of light, life, and of family unity

The year, which seemingly started just a few days ago, has seen many weeks and months pass by as October approaches. I feel it on my skin, the exalted emotion that makes me think of the journey I am about to take through different communities of the *Huasteca Hidalguense*, sharing with its residents the celebration of *Mijkailjuitl*, or *Xantolo*.

The day finally arrived. After a quick visit to downtown Pachuca, capital of the state of Hidalgo and known as the Windy City, we headed towards the Huasteca region stopping at different towns to visit their Catholic churches. We were welcomed throughout our journey by patches of bright yellow-covered fields of the *cempoalxochitl* (*cempasuchitl*) flowers, ready to be cut and placed atop altars and tombs. The *cempoalxochitl* is also known as the flower of love, because it is believed to be loved by the dead. At the end of October, the panorama of many green tones of the Sierra and the Huasteca are offset by the various colors of the wild flowers.

La exuberancia de la vegetación cambia constantemente, alternando con sectores áridos donde resalta el cactus de órgano. A la distancia la Barranca del Meztitlán, declarada Patrimonio de la Biósfera, ofrece la profundidad de sus cañones, unos estrechos y otros amplios por los que se deslizan los ríos que enriquecen el terreno. En la Sierra, los paisajes en ocasiones se perfilan y en otras se diluyen bajo la danza de la neblina agitada por el viento.

Huejutla de Reyes, cuyos pobladores se sienten orgullosos por su participación en hechos importantes de la historia nacional, nos recibe con el dinamismo de una ciudad comercial, en la que se prepara el Tianguis Grande que antecede a la celebración del *Mijkailjuitl* o *Xantolo*. Aquí se desarrollan dos días de intercambio comercial muy intenso el 29 y 30 de octubre, que es cuando las personas adquieren todo lo necesario para el levantamiento del arco y la preparación de las ofrendas.

Las comunidades indígenas de la Huasteca, que conservan sus tradiciones prehispánicas con una vehemencia que contagia, mantienen las creencias ancestrales de que sus antepasados regresan del mundo de los muertos para convivir con ellos. Sobre los rituales relacionados con la muerte, el historiador mexicano Tomás Zerón Amador narra que "en la época prehispánica cuando el jefe principal de un señorío moría era sepultado con los honores de su alta investidura, colocando en su tumba joyas, ropa y alimentos para el viaje que iniciaba. Para las demás personas, el rito del enterramiento era más sencillo, dependiendo de su condición económica".

"Estas formas tan peculiares de la filosofía sobre la vida y la muerte entre los indígenas no fue bien vista por los frailes que llegaron con los españoles durante la conquista. Al notar que estaban muy arraigadas y que no era posible su desaparición, los representantes de la Iglesia Católica crearon mecanismos estratégicos para sustituir el *Mijkailjuitl* con el *Xantolo*" se lee en una información preparada por el Municipio de Jaltocán. "En la época prehispánica el *Mijkailjuitl* se realizaba entre julio y agosto, pero con la llegada de la cultura judaico-cristiana se corrió a los días 31 de octubre, primero y dos de noviem-

The lush vegetation changes constantly. Alternating among arid sectors are the prominent *organo* cactus. In the distance the *Barranca del Meztitlan*, declared as Heritage of the Biosphere, offers the depth of its canyons, some narrow, others wide, where flowing rivers enrich the soil. The backdrop of the Sierra occasionally stands out, while at other times it is hidden under the dense fog, stirred by the wind.

Huejutla de Reyes, whose residents feel pride in their participation of national historical events, welcomed us with the excitement of a big city. Here the preparation for the *Tianguis Grande* precedes the celebration of *Mijkailjuitl*, or *Xantolo*. On October 29th and 30th, the people experience an intense mode of commercial exchange, purchasing all the necessary items needed to construct the arch and prepare their offering.

The indigenous communities of the Huasteca of Hidalgo conserve their pre-Hispanic traditions with such enthusiasm that it becomes contagious. They maintain an ancestral belief that the dearly departed will once again return from the world of the dead to dwell among them. In regards to the rituals related to death, Mexican historian Tomas Zeron Amador states, "In the pre-Hispanic period when the main chief of a region died, he was buried with the highest honors deserving of his position. Jewels, clothes, and food were placed in his tomb for the journey he was undertaking. For the rest of the people, the burial rite was much simpler depending on the individual's economic status.

"This peculiar philosophy about life and death among the indigenous people was not approved by the priests who arrived with the Spaniards during the time of the Conquest. As the representatives of the Catholic Church became aware that such beliefs were firmly rooted and impossible to extinguish, they created strategic mechanisms to substitute the indigenous *Mijkailjuitl* with the Latin *Xantolo*," as it is read in a document prepared by the municipality of Jaltocan. "In pre-Hispanic times the *Mijkailjuitl* took place between the months of July and August. With the arrival of the Judeo-Christian culture it was changed to October 31st, November 1st and 2nd, to coincide with the festivities of All Saints

bre para coincidir con la fiesta de Todos Santos. Después de 500 años de la llegada de los españoles, en la Huasteca siguen practicando con orgullo, tanto los indígenas como los mestizos, el *Mijkailjuitl* y aunque está contaminado con rasgos occidentales, predominan los elementos autóctonos, sobre todo en la construcción y adornos de los altares que se adornan con los vistosos y floridos arcos en los que predomina la flor de *cempoalxóchitl*".

Xantolo, como se conoce la celebración de Día de Muertos, se deriva directamente del latín: *Festum Omnium Sanctorum* (Fiesta de todos los Santos). El cambio de *Sanctorum* a *Xantolo* es muy fácil de entender porque en idioma nahua la sílaba *san* cambia a *xan*, debido a la alteración de los fonema y la terminación *torum* cambia a *tolo*. Por lo tanto *Xantolo* significa "Fiesta de Todos los Santos", que en la Huasteca se contradice, ya que según la tradición indígena, las almas de los fallecidos llegan a visitar a sus seres queridos en estas fechas. La fiesta de *Xantolo* no es Fiesta de Todos los Santos sino la fiesta de muertos o *Mijkailjuitl*, que es la forma de venerar y recordar a los familiares y vecinos que han emprendido el viaje sin retorno físico.

Antes de la llegada de los españoles, los habitantes de la región creían que *Mictlantecuhtli* (dios de los difuntos) otorgaba permiso una vez al año para que los espíritus

Day. Five hundred years after the arrival of the Spaniards in the Huasteca, indigenous and mestizo people continue to practice the *Mijkailjuitl* with pride. Although it is corrupted by Western influences today, native elements still predominate, especially in the construction and decoration of the altars and in the use of colorful and floral arches in which the flower *cempoalxochitl* continues to stand out."

Xantolo, also known as the celebration of the Day of the Dead, is directly derived from the Latin words: *Festum Omnium Sanctorum* (All Saints Day). The change from *Sanctorum* to *Xantolo* is quite easy to understand. In the Nahuatl language the syllable *san* changes to *xan*, and the ending *torum* changes to *tolo*. Therefore, *Xantolo* means 'Festival of All Saints.' Although, in Huasteca it is somewhat contradictory, *Xantolo* is not a Festival of All Saints, but rather a Festival of the Dead, or *Mijkailjuitl*. According to the indigenous tradition, the souls of the departed come back to visit during these days. *Mijkailjuitl* is a way to revere and remember family members and neighbors who have embarked on the journey without any physical return.

Before the arrival of the Spaniards, the inhabitants of this region believed that *Mictlantecuhtli* (god of the dead) would allow the spirits to return to earth once a

regresaran a la tierra con el objeto de visitar a sus familiares. Los que volvían del *Mictlán*, según el profesor Ildefonso Maya Hernández, llegaban de la región de los muertos, de las sombras, de un lugar donde solamente se estaba. En cambio los que volvían del *Tlalocan*, a donde iban los que habían muerto por alguna causa relacionada con el agua y donde todo es bonito y alegre, llegaban de un lugar agradable. También regresaban de un lugar especial aquellos que perecían en las guerras y las mujeres que morían durante el parto, ya que tenían como destino el *Tonacalli* donde reinaba *Huitzilopochtli* (el dios solar).

EL CÍCLO AGRÍCOLA Y *XANTOLO*

La celebración del *Mijkailjuitl*, *Xantolo* o Fiesta de Muertos es todo un ritual que está íntimamente ligado al final del cíclo agrícola, un ciclo que es vida de acuerdo a la cosmogonía indígena. El profesor Ildefonso Maya señala que los pobladores de la Huasteca "en enero limpian los campos para sembrar, una actividad que abarca cinco meses desde la siembra hasta mayo, que se cosecha el maíz, base de la alimentación de las comunidades de la región. Nuevamente en mayo los indígenas limpian los campos y queman los montes, para sembrar en junio y cosechar en octubre, lo que da diez meses entre los dos ciclos agrícolas antes de *Xantolo*. Ellos saben que quedan dos meses, uno de reconciliación que es el mes de noviembre al que le sigue diciembre, un mes de origen y descanso de las acciones del año".

Antes de la llegada de los españoles, se completaba el año solar de 360 días, es decir el año dividido en 18 meses de 20 días del calendario azteca, al que se añadía los cinco días inútiles o *nemontemi*, que eran días de ocio, de purificación, en que los grandes mandatarios de la antigüedad se dedicaban a ayunar, a buscar la manera de quedar bien con los dioses. Esos cinco días de ocio el profesor Maya los relaciona íntimamente a los cinco días actuales de la celebración del *Xantolo*, los que comprenden el día de la parada de los arcos, el día de los angelitos o de la vigilia,

year to visit their family. Those who returned from *Mictlan*, according to professor Ildefoso Maya, arrived from the area of death, or the place of shadows. However, those who returned from *Tlalocan*, the ones whose death was linked to water, and where everything was beautiful, arrived from a nice place. Those who died in wars as well as women who died at childbirth, would return from a special place, since they were destined to go to *Tonacalli*, where *Huitzilopochtli* (sun god) reigned.

THE AGRARIAN CYCLE AND *XANTOLO*

The celebration of *Mijkailjuitl*, *Xantolo*, or Festival of the Dead, is an important ritual that is closely tied to the end of the agrarian cycle, a cycle that represents life according to the indigenous cosmogony. Professor Ildefonso Maya notes that residents of the Huasteca, "clear the fields in January to plant. A process that takes five months from the time of planting to the time of harvest in May. Then again in May, they clear the fields and burn the mountainside to be able to plant maize in June for a harvest in October. This provides a span of ten months in between the two agrarian cycles before *Xantolo*. In the two months that are left, November is a time for reconciliation and December is for rest from the year's activities."

Before the arrival of the Spaniards, the Aztec solar year was made up of 360 days. The calendar year was divided into 18 months, each with 20 days. Five fruitless days, or *nemontemi*, were added. These five days were days of idleness and purification in which the great leaders of the time exercised their rituals by fasting and finding ways to please the gods. Professor Ildefonso Maya associates those five days of idleness to the current five days of the *Xantolo* celebration. These include: the day of raising the arch, the day of the 'little angels,' or vigil, the day for adults, the day for the lonely soul, and the day for the blessing.

el día de los adultos, el día del ánima sola y el día de la bendición.

Las Fiestas de los Muertos se inician el penúltimo día del mes de octubre con la construcción en cada casa del arco, el cual se adorna con la vistosa flor de *cempoalxóchitl*, flor que simboliza la vida y la muerte. Con ella se hace cadenas formando rosarios, con los que se adornan los altares y las tumbas. Según una de las intepretaciones del arco, dentro de la cosmogonía indígena representa las constelaciones y los trece cielos que existían en el mundo simbólico de los aztecas, cada uno con su pareja respectiva de dioses, de los cuales uno de ellos era el *Mictlán* donde reinaban *Mictlantecuhtli* y su pareja *Mictlancíhuatl*.

En la Huasteca "se alienta un *Xantolo* místico, teológico, tradicional, indígena e histórico", de acuerdo al profesor Ildefonso Maya. "Como el *Xantolo* no hay otra celebración igual, es una mística que vive el hombre de estar unido siempre con aquellos que han muerto, pero a quienes siguen considerando vivos porque están entre nosotros, porque convivieron con nosotros. Es el sentimiento intrínseco del hombre, que aquí en la Huasteca, se manifiesta en una forma extraordinaria. A veces se dice 'pobrecito, solamente tiene

The Festival of the Dead begins the day before the last day of October by constructing the arch in every home. This is decorated with colorful *cempoalxochitl* flowers, which symbolize life and death. These flowers are used to make rosaries which adorn the altars and tombs. According to the indigenous cosmogony, the arch represents the constellations and the thirteen skies that exist in the symbolic world of the Aztecs, each accompanied by the corresponding gods. One of these skies is *Mictlan*, where the god *Mictlantecuhtli* reigned with its mate *Mictlancihuatl*.

As Professor Maya states, "the Huasteca generates a mystical, theological, traditionally, indigenous and historical *Xantolo*. The *Xantolo* is unlike any other celebration. It is a mysticism that man experiences when united with those who died, but who are considered to be alive because they are here with us and move among us. It is in the Huasteca that this intrinsic feeling is manifested in such an extraordinary way. There is a saying, 'Poor thing, he just has *tamales*,' however, those *tamales* are a symbol of life."

Professors Ildefonso Maya and Mario Bustos concur with Professor Refugio Miranda of Huejutla de Reyes, who declared that, "Huastecans never celebrate All

✿

tamalitos', pero esos tamalitos representan el símbolo de toda una vida".

Junto con los profesores entrevistados Ildefonso Maya y Mario Bustos, el profesor Refugio Miranda de Huejutla de Reyes declara que "los huastecos nunca le hacemos fiesta a Todos los Santos, hacemos una fiesta para cohabitar, para estar con nuestros muertitos, porque son los días en que vienen. Incluso bajamos las imágenes religiosas, sólo dejamos la imagen de la Virgen de Guadalupe y a los demás santos, con todo respeto, los ponemos debajo de la mesa. Esos son los días que subimos las fotografías de nuestros abuelitos, de nuestra mamá, de nuestro papá, de nuestro tío, del hermano o de alguien que ya murió. Los huastecos no le hacemos fiesta a los santos, convivimos con nuestros muertos. Esta fiesta, en la que recibimos a nuestros muertitos, es también para nosotros un momento de convivencia entre vivos, porque es la temporada en que todos los jóvenes, todos los señores y señoras que habitan afuera, que han tenido que irse de la región por necesidad, regresan a convivir con sus paisanos, con la familia. Es una temporada de unidad familiar y comunal".

El fenómeno que se vive en la Huasteca es muy grande. "Nuestras tradiciones no son públicas, el rito de *Xantolo* es íntimo, es familiar. Cada paso que se da en la celebración tiene una razón de ser, por ejemplo, si se tienen diez muertos se ponen diez ceras prendidas. El incienso que se quema está hecho a base de saliva, ya que los familiares mastican la resina del copal para que vaya acompañada con la sustancia de ellos. Ponen la mesa, inciensan, llaman a los que están esperando y les piden de corazón que los acompañen, que allí están sus familiares para convivir con los que llegan, después de lo cual se sirve la comida ya sea para niños o para grandes", comenta el profesor Maya.

Saints Day. We celebrate our togetherness with our dearly departed because these are the days when they come. As a matter of fact, we take down the religious statues and keep the statue of Our Lady of Guadalupe. With great respect, we place the rest of the saints under the table. These are the days when we bring out the pictures of our grandparents, our dear mother, our dear father, our uncle or brother, or anyone who has died. Huastecans do not celebrate the saints, we celebrate our dead. This festival in which we receive our dear ancestors, is also a time to share with the living. It is a time when all those who have gone away to find a better life, return to be with their family and with fellow countrymen. It is a time of community and family unity."

"The phenomenon that is lived in the Huasteca is unique. Our traditions are not public. *Xantolo* is a private family rite. Each step that is taken in the celebration has a meaning. For example, if there are ten deceased members, you must light ten candles. The incense used is made partly with saliva. Family members chew the *copal* resin so that it carries a part of them. They arrange the table, burn incense, and call the names of those they are awaiting. With all their heart, they ask them to come share this time with their family. Later, the food is served whether it was made for the children or the adults," states Professor Maya.

THE PREPARATIONS

Professor Mario Bustos confirms statements made by Professor Maya. "According to the agrarian cycle of the indigenous cosmogony, Man is born in December. He develops and enjoys all of life's pleasures. This period of his life is represented by Carnival. After enjoying all that there is to enjoy, man dies. This is

PREPARATIVOS

El profesor Mario Bustos confirma los conceptos del profesor Maya: "De acuerdo al ciclo agrícola de la cosmogonía indígena, el hombre nace en diciembre. Se desarrolla, goza de todos los placeres, época de su vida se representa con el carnaval. Después de haber gozado de todos los placeres habidos y por haber el hombre muere; lo que se simboliza con la Semana Santa. Finalmente llega la gran convivencia con los que ya no existen: la fiesta del *Xantolo*, que termina el 30 de noviembre, con la retirada de los arcos.

Los preparativos para la celebración comienzan en febrero con la cría de los animales que serán sacrificados durante *Xantolo* en la preparación de las ofrendas: puercos, guajolotes, gallinas y pollos. Continúa con la siembra de las flores, un día muy especial, ya que se realiza el 24 de junio, día de San Juan, que es cuando las mujeres envueltas en su rebozo y sin voltear para los lados caminan de frente, esparciendo la semilla en los corrales y en las milpas. El hombre no se encarga de esto porque existe la abusión que si él toca la semilla, nacen flores "machos" que parecen margaritas, con pocos pétalos alrededor. Antecede la siembra de la flor de los veinte pétalos, la de la llamada *mistonmaitl* o mano de león, a finales de mayo o principios de junio".

En octubre se efectúan los casamientos indígenas, porque para realizarlos se necesita de la flor de muerto, con la que confeccionan coronas y collares. Los matrimonios tiene lugar antes de *Xantolo* porque la recién casada será la encargada de repartir la ofrenda en las casas de los familiares, amigos y vecinos.

Con anticipación a la celebración de *Mijkailjuitl*, en Ixtlahuaco, al igual que en varios municipios de la Huasteca, matan el cochinito el día 28 de octubre, para preparar los chicharrones, carnitas y tamales. Con variantes de un día y con su estilo propio, que las diferencia con las otras comunidades de la Huasteca Hidalguense, las actividades de la celebración del *Xantolo* en dichas poblaciones son parecidas a las de Jaltocán, donde se celebra una de las más tradicionales de la región.

symbolized by Holy Week. Finally the celebration begins with those who no longer exist, the *Xantolo* festival. The cycle ends on November 30th when the arch is taken down."

Preparations for the celebration begins in February, with the rearing of the animals. These animals will be sacrificed during *Xantolo* in preparation of the food offerings: pork, turkey, and chicken. The planting of the flowers takes place on a very special day, June 24th, the Day of San Juan. This is when women covered with *rebozos* (shawls) walk forward and without turning, scatter *cempoalxochitl* seeds in the corrals and fields. Men do not do this task because of the superstitious belief that their touch of the seed will result in 'male' flowers which look like daisies with very few petals. *Mistonmaitl*, the flower of twenty petals, also called Lion's Paw, is planted just before the end of May and the beginning of June.

Indigenous weddings are performed during October when the *cempoalxochitl* flower is abundant, because the flower of the dead is used when making wedding crowns and necklaces. These weddings also take place before *Xantolo* because the new bride is responsible for distributing the holiday offering at the homes of family members, friends, and neighbors.

In anticipation of the celebration of *Mijkailjuitl* in Ixtlahuaco, a pig is slaughtered on October 28th to make *chicharrones* (fried pork rinds), *carnitas* (fried pork), and *tamales*. The activities of the *Xantolo* celebrations in municipalities of the Huasteca sets them apart from other communities; with certain variations and styles similar to that of Jaltocan, which celebrates one of the most traditional of the region.

The altars are set up on October 30th. On October 31st, food is prepared and placed especially for children, then offered to the spirits of the little ones who arrive to visit. On November 1st, the constant tolling of the bells breaks the silence to announce the arrival of the souls of the adults. They have come to earth to enjoy the exquisite preparation of food dishes offered by their families.

El 30 de octubre se hace el arreglo de los altares, el 31 de octubre se ofrendan alimentos propios para niños cuyos espíritus llegan de visita. El primero de noviembre el repique constante de campanas rompe el silencio para anunciar la llegada de las almas de los adultos. Ellas vuelven para disfrutar de los exquisitos manjares que les ofrendan sus familiares. El día 2 de noviembre es la *Tlamakaualistly* o despedida. En este día se lleva ofrenda al panteón, la que se deposita por un momento sobre la tumba de los familiares fallecidos. Luego se levanta para comer de ella y así concluye la fiesta. Este día los ahijados visitan a sus padrinos a quienes ofrecen regalos en agradecimiento por haberlos llevado a la pila bautismal. La ahijada lleva la ofrenda en una canasta y el ahijado en un morral.

RESPONSABILIDADES Y RECUERDOS DE TIEMPOS "ANTIGUOS"

La población de Tlanchinol, ubicada en el municipio del mismo nombre, se encuentra en uno de los lugares más abruptos y a la vez pintorescos de la Sierra del estado de Hidalgo, a sólo 38 kilómetros de Huejutla de Reyes. Fuimos recibidos allí con rosarios y coronas hechos de *cempoalxóchitl* que nos pusieron como señal de bienvenida. Nos reunimos con un grupo de personas mayores, hombres y mujeres, quienes expresaron sus opiniones acerca de *Xantolo*, señalando que la responsabilidad de la celebración recae tanto en el hombre como en la mujer. El esposo construye el arco, compra los comestibles y la mujer se encarga de preparar las ofrendas. Ocho días antes de *Xantolo*, generalmente durante el sábado grande, van a los tianguis a comprar todo lo que necesitan para preparar las ofrendas.

En esta reunión de mayores no dejaron de aflorar los recuerdos de su niñez. "Cuando tenía aproximadamente siete años de edad", comentó don Raúl Ruano Torres, "vivíamos en un rancho que se llama San Miguel. Allá nuestra vida transcurría entre cafetales, cáñamos y marranos. Desde el 18 de octubre empezaban a programarse mis papás para celebrar *Xantolo*. Hacían canastos de mecate, juntaban blanquillos, café y llevaban todos los productos a vender en el tianguis del segundo y tercer domingo grande en Tamazunchale, San Luis Potosí, en un mercado que en aquel entonces teníamos".

Los ancianos recuerdan que para celebrar *Xantolo*, el 31 de octubre los jóvenes cortaban las varas, las flores y entre los compadres y los vecinos se ayudaban a

November 2nd marks the farewell, or the *Tlamakaualistly*. On this day the offering is taken to the cemetery, which is then placed momentarily on top of the loved ones' tomb. The offering is then eaten, and this concludes the festival. On this day godsons and goddaughters visit their godparents to offer gifts of gratitude for being members of their baptismal ceremony. The goddaughter carries the offering in a basket, and the godson carries it in a knapsack.

RESPONSIBILITIES AND MEMORIES OF THE 'OLDEN' DAYS

Twenty three miles away from Huejutla de Reyes is the town of Tlanchinol, which is located in the municipality with the same name. This is one of the most rugged, although picturesque, places in the Sierra of the state of Hidalgo. People bestowed us with rosaries and crowns made out of *cempoalxochitl*, as a sign of welcome. We met with a group of elders, men and women, who expressed their opinion regarding *Xantolo*. They pointed out that the responsibility of this celebration falls as much on men as with women. The husband builds the arch and buys the provisions, the wife is responsible for preparing the offering. Eight days before *Xantolo*, usually during the "big Saturday," they go to the *tianguis* (outdoor market) to buy all the necessary items.

This reunion of elders brought forth their childhood memories. "When I was seven years old," states Raul Ruano Torres, "We used to live in a ranch called San Miguel. There, our lives were intertwined among coffee fields, sugar cane fields, and pigs. From October 18th, my parents began preparations to celebrate *Xantolo*. They made baskets of *mekate*, gathered the eggs, harvested the coffee, and then took everything to sell at the *tianguis*. This was on the second and third Sunday at Tamazunchale, San Luis Potosi, in a marketplace that we used to have back then."

These elders remember that on October 31st the young people would cut wooden sticks and flowers, and friends and neighbors would help each other build the arches. As a reward upon finishing in one home, they would set off fireworks for a job well done and would receive a cup of freshly made hot chocolate. When they were finished in one home, they would move on to the next, and so on, spending the whole night building arches. This is how they prepared to welcome the "little angels" (children's souls) on October 31st. The next day, the day of the adults, the young people would return to their homes to pray the rosary while the bells of the church tolled day and night.

hacer sus arcos. Al terminarlo echaban un cohete, señal que habían concluido el trabajo y en recompensa les servían una taza con chocolate recién preparado. Cuando terminaban en una casa iban a otra y así pasaban toda la noche haciendo los arcos, de esta forma el 31 de octubre estaban listos para recibir a los angelitos. Al siguiente día, el de los "muertos grandes", los jóvenes volvían a los hogares para rezar el rosario, en tanto que las campanas de la iglesia doblaban durante el día y la noche.

En Tlanchinol se acostumbraba mantener las puertas de las casas abiertas, porque pensaban que si las cerraban era como rechazar a sus familiares que no se acordaban de cómo llegar al que fue su hogar, para estar con su familia. Aquí se menciona la costumbre de los *chichileros*, que eran personas de escasos recursos económicos que no tenían los medios para preparar los tamales y como parte de la costumbre los pedían de casa en casa, llenando de esta manera sus morrales. "*Chichiquel patacayó*" — chichiquiles para el campanero —, era la frase con la que se anunciaban, llevando luego parte de esas ofrendas a los jóvenes que habían pasado las horas tocando la campana. En el atrio de la iglesia hacían grandes fogatas donde calentaban lo que habían recogido.

It is customary to leave the doors of the homes open in Tlanchinol. They believed that if the doors were closed, it meant turning away their family members who did not remember how to get home. Here, it is appropriate to mention the customs of the *chichileros*, who were low-income people with no means to prepare *tamales*. As part of the custom, they would go from house to house asking for *tamales*, and as a result, they filled their knapsacks. "*Chichiquel patacayo*", or "*chichiquiles* for the bellringer*," was the phrase they used. Later, a share of these offerings was taken to the young people who had spent hours ringing the bell. Bonfires were built at the church atrium to warm up these *tamales*.

In Tlanchinol, as in many towns of Mexico, the memories of the elders strengthened the preservation of tradition through verbal communication.

THE ARCH

The Flower of the Dead has a variety of golden hues, and is used to decorate the arch as well as the tombs at the cemetery. When someone mentions the Flower of the Dead, it immediately brings to mind the

En Tlanchinol, como en muchas poblaciones de México, el recuerdo de los mayores fortalece la conservación de la tradición a través de la comunicación oral.

PUESTA DEL ARCO

Existe una gran variedad de matices que ofrece la flor de muerto, la que se utiliza para adornar no sólo el arco, sino también las tumbas en los camposantos. Cuando se dice flor de muerto acude a la memoria el amarillo intenso de esta flor que es símbolo del sol, de la luz hacia donde se dirigen los que mueren; sin embargo, hay varias tonalidades: el amarillo oro, el amarillo medio, el amarillo canario y el amarillo pálido. Existe también la llamada *cempoalxóchitl* roja, otra flor muy especial con la que se da colorido a los arcos. Se usa, igualmente, la flor de elote que en esta región se llama sempiterna o bojolillo, así como las famosas coronas o flor de sotol que también se emplea en el adorno del arco.

Los arcos y los altares se hacen de varias formas. Dependiendo del lugar, el arco puede ir dentro de un cuadrado o de un rectángulo hecho con varas. Es diferente a Tamazunchale donde se ve el arco puro. El profesor Mario Bustos describe los estilos: "En la parte baja de la Huasteca Hidalguense (Atlapexco, Huejutla, Jaltocán y Orizatlán) el arco se hace a base de cañas y la decoración es más sencilla y en la parte alta (Huautla, Yahualica, Huazalingo y Xochiatipan) el arco es en forma de marco, se hace con varas y su decoración es muy eleborada, haciendo diversas combinaciones con todas las flores que se utilizan".

En la decoración influye la situación económica de los dueños de la casa. Muchos arcos se adornan con palmilla y flor de *cempoalxóchitl*, con diferentes colores de flores o con la flor de de los veinte pétalos colgando, que se fija o teje en forma de cadenas o rosarios. Del arco cuelgan naranjas, limas, trocitos de caña, plátano, mandarinas, canastillas de barro o palma rellenas de dulce o fruta preparada al horno. El pan se confecciona en forma de muñecos pintados con colores brillantes, al igual que

vivid yellow color of this flower. This symbol of the sun is a guiding light for those who have died. However, there are various hues of golden yellow, medium yellow, canary yellow, and light yellow. But, there is also the red *cempoalxochitl* hue which gives the arches color and depth. In addition, the *flor de elote* (corn flower), which in this region is called *sempiterna*, or *bojolillo*, as well as the famous *flor de sotol* (crowns) is used to decorate arches.

Arches and altars are built in different ways. Depending on the area, the arch can be built within a square or rectangle made with wooden sticks. It is different in Tamazunchale where only the arch is used. Professor Mario Bustos Escobar describes the different styles, "In the low land of the *Huasteca Hidalguense* (Atlapexco, Huejutla, Jaltocan, and Orizatlan), arches are made with sugarcane and the decorations are quite simple. In the upper region (Huautla, Yahualica, Huazalingo, and Xochiatipan), arches are in the form of a frame. They are made with wooden sticks and have very elaborate decorations, making all kinds of designs with a variety of flowers."

The decorations used are determined by the level of income of each household. Many of the arches are decorated with *palmilla* leaves and *cempoalxochitl*, with an array of multicolored flowers, or with one called the Flower of Twenty Petals, which is set on or braided into chains or rosaries. Oranges, limes, pieces of sugarcane, bananas, tangerines, small baskets made from clay or palm leaves filled with candy or oven baked fruit, are hung from the arches. Bread is made into the shape of small animals and dolls are painted in bright colors. These are then hung from the arches or sticks used to build them.

In the municipality of Atlapexco, the reunion with the dead takes place on October 29th, as the arches and

figuras de animalitos que cuelgan también de los arcos o de las varas que se utilizan en su construcción.

En el Municipio de Atlapexco, el encuentro con los muertos se inicia el 29 de octubre con la parada de los arcos y altares. En Huautla, el 30 de octubre, día de la Compostura, los habitantes adornan sus altares. El olor del copal quemándose en el sahumerio, el camino hecho con pétalos de *cempoalxóchitl* y la luz de las velas lleva a las almas hasta el arco que es la "puerta" de entrada a sus altares donde se alimentan con el aroma de las ofrendas. Antes se hacían en Huejutla dos arcos, uno al fondo y otro al frente, a los que atravesaban varitas de donde colgaban la fruta. En la actualidad ya no se ve esto, más bien colocan la fruta en canastas sobre el altar. Igualmente ponían el altar con cuatro escalones, que representaban la niñez, la juventud, la madurez y la vejez. Estos escalones tienen la tendencia de ir desapareciendo, ya que en muchos hogares se olvidan de ponerlos.

La costumbre de echar cohetes al terminar de hacer sus arcos, como señal que en ese hogar ya se terminó de elaborarlo, continúa muy fuerte.

Los habitantes de Yahualica, conocida como "el observador del cielo", lugar al que se asciende contemplando la belleza del paisaje de montañas altas y valles profundos, tienen una forma muy peculiar de adornar, lo hacen con rosarios de *cempoalxóchitl*; y cuelgan las frutas de un pequeño techo hecho de varas.

En la Huasteca se suele mantener el arco todo el mes de noviembre y aunque ya no se preparan platillos especiales, se coloca en el altar cotidianamente una taza con café o chocolate o un plato con la comida del diario. El día 30, fiesta de San Andrés, se preparan las últimas ofrendas de tamales, se levanta la ofrenda, se quita el arco y se prepara el altar para el festejo de las fiestas de la Virgen de Guadalupe.

altars are set up and raised. In the Huasteca, residents decorate their altars on October 30th, known as the day of *Compostura*. The aroma of the burning copal, the pathways made with *cempoalxochitl* petals, and the light of the candles lead the soul to the arch. This is the 'entrance' to their altars where they will feast on the aromas of the offerings.

Two arches used to be built in Huejutla, one in the back and the other in front of the table. Wooden sticks were used to hang fruit. This is a tradition that is no longer maintained. Instead, fruit-filled baskets are used and are placed on the altar. Altars used to be built with four steps which represented childhood, youth, adulthood, and old age. These steps are becoming rare since in many homes it is a forgotten practice. What is still prevalent is the lighting of the fireworks upon finishing construction of the arches. This is a signal that a job has been completed.

Yahualica, a town known as 'Observer of the Sky,' is a place in which the beauty of its high mountains and deep valleys can be admired as one approaches it. Here, the residents have a peculiar way of decorating arches. They make rosaries from *cempoalxochitl* and hang fruits from a small altar roof made out of wooden sticks.

In the Huasteca, it is common to set up the arch and keep it up the entire month of November. Although special dishes are no longer prepared, a cup of coffee, chocolate, or a regular plate of food is placed on the altar. On November 30th, the festival of *San Andres* (Saint Andrew), the last offerings of tamales are prepared. The offering is picked up, and the arch is removed to set up the altar for the festivities of Our Lady of Guadalupe.

LA OFRENDA

La celebración de *Xantolo* en la Huasteca Hidalguense se ha convertido en un rito enriquecido con una serie de ceremonias. Es costumbre preparar la primera ofrenda el 29 de septiembre, día de San Miguel, ya que se considera que en esta fecha las ánimas salen del cielo, pues San Pedro les abre las puertas para que vayan a recibir desde ese momento sus ofrendas. La primera consiste en tamales y café.

La segunda ofrenda se hace el 18 de octubre, día de San Lucas. En este día cosechan los plátanos verdes para que estén maduros el día de la fiesta. En esta fecha muchos limpian y pintan sus casas, muelen el cacao para el chocolate y elaboran las flores de papel para los altares, además se preparan tamales para saborear la sazón que tienen y comprobar si están buenos los elotes, porque el tamal de *Xantolo* "no es cualquier cosa".

La tercera ofrenda se hace el 2 de noviembre, que es cuando se realiza el convivio más grande. El día de San Andrés, el 30 de noviembre se prepara la última ofrenda de tamales y se baja el arco, recogiendo con mucho cuidado las flores secas del *cempoalxóchitl* que se usarán al año siguiente para regar en los surcos. Los habitantes de algunos pueblos acostumbran ir al cementerio esa mañana, llevando sus ofrendas de comida, para así despedir dignamente a las almas de sus seres queridos hasta el año venidero.

Para poner el altar, con el arco ya forrado de palmilla y flores, se colocan sobre la mesa manteles bordados a punto de cruz o relleno con la imagen de la Virgen, así como artesanías de Chililico, que para esta celebración se pintan con colores brillantes. Los platos tradicionales que se preparan como ofrenda son el chocolate; pan casero —redondo, gordito y muy rico— cuya masa es preparada con manteca del puerco; mole de guajolote, adobo, pipián, chile relleno y tamales grandes que en esos lugares se llama *tlapepecholi*, *tapataxtli* o *tlaixpiktle*, el cual alcanza para dar de comer a muchas personas y que se acompaña, por separado con chile en vinagre.

En Huazalingo probamos el pan tradicional que se coloca en los altares. La masa de harina combinada con

THE OFFERING

The celebration of *Xantolo*, in the *Huasteca Hidalguense* has become a rite enriched by a series of ceremonies. The first offerings are prepared on September 29th, during the Festival of *San Miguel* (Saint Michael). It is believed that *San Pedro* (Saint Peter) opens heaven's doors so that the souls may leave and begin to receive their first offerings, which are *tamales* and coffee.

The second offering is prepared on October 18th, *San Lucas* Day (Saint Luke). On this day, they harvest the bananas early so that they are ripe by the day of the celebration. On this date people clean and paint their homes; the cacao beans are ground to make chocolate; and paper flowers are created for the altars. In addition, *tamales* are also prepared in advance to taste the seasoning and check the quality of the corn because the *Xantolo tamale* 'is not just any tamale.'

The third offering is made on November 2nd, when the biggest celebration takes place. The last offerings of *tamales* are prepared and the arch is demolished the day of *San Andres*, which is on November 30th. The dried *cempoalxochitl* flowers are carefully collected because they will be used the following year to scatter on the furrows. The residents of some towns like to go to the cemetery that same morning. They take their offerings of food so that they can properly bid farewell to the souls of their loved ones until the next year.

When the arch is already covered by *palmilla* leaves and flowers, the altar is set on a table. The tablecloth might have cross-stitched decorations or an embroidered image of the Virgin Mary. The *Chililico* crafts are also painted in vibrant colors for this celebration. Traditional dishes prepared as offerings include: hot chocolate, round, plump, and delicious homemade bread whose dough is prepared with pork fat, turkey *mole*, *adobo*, *pipian*, and stuffed chili peppers. *Tamales* called *tlapepecholi*, *tapataxtli* or *tlaixpiktle*, can feed several people and are served with a side of pickled chili peppers.

In Huazalingo, we tasted the traditional bread placed on the altars. The dough is made with flour mixed with

queso de la región, huevos y azúcar se cuece en hornos de barros. Son una verdadera delicia al paladar, sobre todo los preparados en la casa de la señora Cleotilde Sierra Mendoza.

En muchos hogares de Iztlahuaco colocan primero en el altar una vela para recordar la pasión y muerte de Jesús. Frente a la mesa se ubica un pedazo de plátano —checheve—, sobre el cual se ponen las velas, una por cada persona que se recuerda. El copal no puede faltar, su aroma llena toda la casa limpiando la atmósfera para que entren los difuntos. No se olvidan los imprescindibles cohetes, que marcan las etapas de los rituales.

En Atlapexco el arco no cambia de estilo ni de riqueza en lo que se ofrenda. Es igual si la persona falleció el año anterior o veinte años atrás. Para dar inicio a la llegada de las almas de los niños, se empieza a echar cohetes y se hace, con flores deshojadas, un camino desde el camposanto hasta la capilla. Desde la capilla, los habitantes del pueblo forman sus caminos uniéndolos unos con otros, hasta llegar a sus respectivos altares donde se forma una cruz de pétalos de *cempoalxóchitl*. Es costumbre en muchas poblaciones de la Huasteca salir a los caminos a esperar la llegada de las almas de los difuntos, a quienes conducen hasta su arco rezando oraciones.

El primer día de la celebración de *Xantolo*, o sea el 31 de octubre a las doce del día se hace la primera ofrenda para los angelitos niños. "*Konetsitsi-Koneme*", "hoy esperamos a los niños", "ya llegaron los angelitos", dice la gente. Ellos llegan a probar todo lo que en vida les gustaba: frutas, dulces, chocolate, pan de mantequilla, comida sin chile, caldo de pollo y tamalitos de dulce, todo en pequeño, por lo que las ofrendas para los niños reciben el nombre de *chichiliques*. En la noche ofrendan tamales de pollo, chocolate y se detonan los cohetes.

El primero de noviembre a las siete de la mañana, los familiares detonan cohetes, ponen copal en el sahumerio y vuelven a ofrendar los tamales que quedaron de la noche anterior, al igual que chocolate y pan. Despiden las almas de los pequeños y reciben a los grandes con cohetes, incienso, flores, bebidas, frutas y comida como tamales, mole de guajolote, chiles en vinagre hechos en casa, el agua como símbolo de vida y el petate como sím-

eggs, sugar, and cheese from the region. Then it is baked in clay ovens. They are truly a delicious treat, especially those made in the home of Cleotilde Sierra Mendoza.

The first thing that is placed on the altar of most Iztahuaco homes, is a candle to remember the passion and death of Jesus. In front of the table is a piece of *checheve* (*platano* branch), on top of which the candles are placed for each person being remembered. The *copal* is indispensable and its aroma fills the home as it cleans the environment so that the deceased may enter. And let's not forget the fireworks that mark the different steps of the rituals.

In Atlapexco, the arch does not change much in style and offering. It does not matter if the person died the previous year, or twenty years ago. To mark the beginning of the arrival of the children's souls, fireworks begin and a pathway of flower petals are made from the cemetery to the chapel. From this pathway at the chapel, the residents make their own paths, intertwining with each other all the way to the home altar where a cross of *cempoalxochitl* petals is made. It is a tradition in many of the towns in the Huasteca to come out to the roads and await the arrival of the souls of the departed, who then are led to their arch in prayer.

The first day of the *Xantolo* celebration on October 31st begins at noon when the first offering is made to the children's souls. People repeat, "*Konetsitsi Koneme*," "today we welcome the children, the little angels have arrived." They arrive to savor the foods they once enjoyed; fruits, hot chocolate, buttered bread, dishes without hot chili, chicken soup and sweet *tamales*, all in small portions. This is why the offerings for the children are called *chichiliques*. At night chicken *tamales* with hot chocolate are offered and the fireworks begin.

On November 1st, at seven in the morning, fireworks begin again, copal is burned and the leftover tamales from the previous night are offered along with hot chocolate and bread. They bid farewell to the souls of the little ones, and welcome the adults with more fireworks, incense, flowers, drinks, fruits, and dishes such as tamales, turkey *mole*, and homemade pickled chili peppers. They also offer water as a symbol of life and a sleep-

bolo de la comunidad. Si les gustaba beber se les ofrenda vino o cerveza, al igual que sus cigarritos. Junto al arco se cuelgan los objetos que pertenecieron al difunto/a, en el altar se colocan las fotografías y a cada lado en el suelo plantitas de maíz, que ponen a germinar en una vasija 15 días antes, como recordatorio a las almas que la agricultura fue parte de sus actividades en vida.

En Macuxtepetla, una población de aproximadamente 300 habitantes, que es parte del Municipio de Huejutla, existe una costumbre funeraria de que "cuando muere alguien, lo bajan de la cama, hacen una cruz de cal en el piso y allí lo acuestan. Después de sepultar el cuerpo y a medida que transcurre el novenario van recogiendo la cal. No barren el lugar hasta que se termina de rezar el rosario durante nueve días, entonces es cuando recogen lo que queda de la cal y la llevan al panteón. Muchos de los habitantes acostumbran hacer una escalera de pabilo que ponen junto al altar. Se la usa como símbolo de que el alma del fallecido asciende peldaño a peldaño hasta llegar al cielo. Junto a la escalera le ponen sus tortillas, agua y dejan dinero para que no sufra allá arriba", informa doña Nelly Chapa de Azuara.

En Jaltocán el ofrecimiento del altar lo hace el hombre, por ser cabeza de la familia, solamente cuando él muere es la mujer la que ofrenda. En muchos de los barrios de esta población es tradición engalanar con flores la imagen en bulto de una Virgen con flores y colocarla debajo del arco adornado con *cempoalxóchitl*. Al atardecer del 31 de octubre los habitantes del barrio la llevan a la iglesia portando velas encendidas.

En los hogares huastecos las visitas de amigos y seres queridos se aprecian y reciben con alegría infinita porque representan a los muertos. Cuando toman las ofrendas, antes de llevar el primer bocado a la boca, debe separarse un poco de lo que se ha servido y dejarlo caer en el suelo. Igualmente se hace con lo que se va a beber. Es una forma de invitar a los espíritus visitantes para que levanten la ofrenda.

ing mat as a symbol of community. If the deceased enjoyed drinking, they are offered wine or beer, as well as cigarettes. Personal items belonging to the departed are hung next to the arch and their pictures are placed on the altar. Small corn plants, which have been germinating in a pot for the last 15 days, are placed on each side of the altar. This is a reminder to the souls that agriculture was an important part of their lives.

In Macuxtepetla, municipality of Huejutla, a town of approximately 300 residents, the funerary custom is that "when someone dies the deceased is moved from the bed to the floor, where a cross of limestone powder was made previously. After the burial, as the *novena* proceeds, a little bit of the limestone is collected each day. They do not sweep the place until the nine prayer days of the rosary has concluded. Then what remains of the limestone is picked up and is taken to the cemetery. Many residents make a ladder of candle wick which is placed next to the altar. It is used as a symbol that the souls of the departed move up rung by rung until they reach heaven. Next to the ladder are tortillas, water, and some money, so that they would not suffer up there," Nelly Chapa de Azuara tells us.

In Jaltocan, the offering of the altar is made by men because they are considered the head of the household. However, the woman takes on that responsibility if the man dies. In many of the town's neighborhoods, it is tradition to decorate a statue of the Virgin with flowers, and to place it under the arch embellished with *cempoalxochitl*. On October 31st, at sundown, the residents of the neighborhood take the statue to the church, while carrying lit candles.

In the home of the Huastecos, visits by friends and relatives are welcomed with great joy because they represent their dearly departed. Before they take the first bite of the offering, they must let a small amount drop to the ground. This is also done with the beverages. It is a way to invite the visiting spirits to take part in enjoying the offering.

En Atlapexco los familiares colocan la mesa frente al altar, "porque hay que comer con las almas". Ponen un plato para el ánima sola, que no tiene familia con quien ir, ese es el día que se le rinde homenaje, junto con las de los familiares que llegan. En Huejutla, por ejemplo, se coloca la ofrenda al ánima sola en la puerta que da a la calle junto con una vela encendida. En cambio, en Huautla, le ponen un altar chiquito fuera de la casa.

Es interesante anotar que en la iglesia de Huazalingo las figuras de los santos se adornan con los rosarios de *cempoalxóchitl*. Casildo Vásquez Martínez comenta que cuando era joven había una danza especial, donde un jefe era quien le hacía de toro, danza dedicada a la celebración de *Xantolo*, pero con el paso del tiempo se ha perdido. Don Casildo señala que en el pueblo la creencia es generalizada que las almas llegan. Lo compara a algo similar de lo que ocurre cuando dormimos: "las almas andan por ahí, mientras el cuerpo descansa en la cama. Cuando soñamos nuestro espíritu anda por otro rumbo, otro pueblo y así son las almas. Nuestras tradiciones no las podemos olvidar, nos las enseñaron los abuelos y a ellos se las dejaron nuestros antepasados. Por lo tanto, recibimos con ofrendas a las almas de nuestros seres y les hablamos. No los vemos. Tampoco vemos a Dios, pero Él está, existe".

In Atlapexco, the family places a table in front of the altar and there they must eat with the souls. For the lonely soul who has no family to go to, they set a plate. On this day they are also honored along with the souls of family members. In Huejutla, the offering for the lonely soul is placed at the street door next to a lit candle. However in Huautla, a small altar is built for them outside the home.

It is interesting to note that in the church at Huazalingo, the statues of the saints are decorated with rosaries made from *cempoalxochitl*. Casildo Vasquez Martinez comments that when he was younger, a special dance was dedicated to the *Xantolo* celebration where a leader played the role of a bull. Yet, as time has gone by, this dance has been forgotten. Casildo Vasquez Martinez shares that there is a common belief that the souls actually arrive. He compares it to something similar that occurs when we sleep, "The souls wander as the body rests in bed. When we dream our spirits walk in other places, another town, and the same happens to the souls. We cannot forget the traditions our grandfathers taught us, as they were taught by their ancestors. Therefore, we welcome the souls of our dearly departed with offerings, and we talk to them. We do not see them. We do not see God either, but, He is, He exists."

Según don Casildo: "a las almas les gusta el aroma de los alimentos que vienen a recibir, les rezamos el rosario para que estén contentas y cuando terminamos con las oraciones echamos agua bendita a los alimentos y los repartimos con los invitados".

Aunque el arco sigue siendo casi el mismo, en época de los abuelos de don Casildo, él señala que ponían cinco motas blancas, parecidas a la flor de sotol y en medio de ellas le añadían otras flores para que se vieran más bonitas.

El 2 de noviembre, a las siete de la mañana, encienden nuevamente cohetes, ponen copal sobre la brasa del sahumerio, ofrendan los tamales de la noche anterior, así como chocolate y pan. Se recogen todas las ofrendas que quedaron en el altar: frutas, pan, tamales dulces, cacahuate, chocolate, vino, cerveza y toda la familia va al panteón a ponerlas sobre la tumba, allí comen de lo ofrendado mientras escuchan los sones huastecos que los músicos interpretan de tumba en tumba, de acuerdo a la solicitud de los presentes.

En Jaltocán, el grupo de danzantes llamados disfrazados recorren casa por casa bailando diferentes danzas regionales. Al finalizar el dueño de casa los invita a servirse de los platillos preparados. El 2 de noviembre una banda de viento concurre al cementerio para igualmente

According to Casildo Vasquez Martinez, "Souls enjoy the aroma of the dishes they have come to receive. We pray the rosary so that they will be happy, and when we have finished our prayers, we sprinkle holy water on the food and then share with our guests."

Although the arch was the same during the time of his grandparents Casildo Vasquez Martinez points out, they would place five white *motas* (mums), similar to the flower of *sotol*, and in the middle, other flowers were added to make it look prettier.

On November 2nd, at seven in the morning, fireworks are lit, *copal* is burned, the *tamales* leftover from the previous night, as well as, the hot chocolate and bread are offered. All the offerings remaining on the altar such as fruits, bread, tamales, candies, peanuts, chocolate, wine, and beer are removed. The entire family then proceeds to the cemetery to place these items on the tombs. As they eat this offering, Huastecan melodies are played by musicians who go from tomb to tomb, accommodating the requests of those present.

In Jaltocan, a group of dancers called *Disfrazados* (those wearing costumes) go from house to house, dancing regional dances. At the end of each visit the homeowner gives the dancers homemade dishes. On

interpretar la música de la región, cerca de las tumbas donde los solicitan.

En Huautla el día 2 es el último día de la celebración de *Xantolo* y se le llama el Día de la Bendición. Durante todo el día acuden las familias al camposanto. Después de limpiar la tumba ponen el arco junto con la ofrenda de tamales, el chocolate, cerveza, cigarro; todo lo que acostumbraba el difunto en vida. Queman copal en el *popoxkomitl* que es el ahumador hecho de barro y encienden las veladoras. Con la comida llevan el *tlapepecholi* o *tapataxti*, un tamal hecho con un pollo o guajolote entero o una cabeza de cerdo. Se le abre sobre la tumba, se ofrenda, se ahuma con el *popoxkomitl*, algunos dicen unas palabras... recuerdos del difunto. Esperan unos minutos y luego cortan el tamal y se invita a los familiares, a los visitantes y a los amigos a servirse. El sacerdote del pueblo participa con la liturgia de la misa a las 12 del día y por la tarde llegan los grupos a bailar en el panteón. Este es el tipo de convivencia que se realiza en la mayoría de los cementerios de la Huasteca, ya sea el 2 o 3 noviembre.

DANZAS DE *XANTOLO*

Juventino Olivares de Atlapexco, resume el significado de la visita al cementerio : "De un modo u otro, más

November 2nd, a band of musicians play regional music at the cemetery for those families who request it.

The last day of the *Xantolo* celebration in Huautla is held on November 2nd, and is called Day of the Blessing. Throughout the entire day families visit the cemetery. After cleaning the tombs, they raise the arch next to the offering of *tamales*, hot chocolate, beer, cigarettes and other items that the deceased enjoyed during their lifetime. They also burn *copal* in the *popoxkomitl*, which is the copal burner made of clay, and finally they light the candles. Along with the food they take the *tlapepecholi*, or *tapataxti*, a *tamale* made with a whole chicken, a pig's head, or a whole turkey. This is unwrapped on the tomb. It is offered and blessed with the smoke from the *popoxkomitl*. A few words are said to remember the deceased. After a few minutes, the *tamale* is served and family members, visitors, and friends are invited to eat. At noon, the town priest participates through the liturgy of the Mass and in the afternoon, groups of dancers arrive at the cemetery to dance. These are the kinds of celebrations that are seen in most of the cemeteries in the Huasteca, on November 2nd and 3rd.

XANTOLO DANCES

Juventino Olivares of Atlapexco describes the signifi-

que ser una tristeza el visitar a los muertos, para nuestra gente es un acto de alegría, porque están conviviendo con sus seres queridos. En esos momentos sentimos que están vivos, que están comiendo con nosotros mientras les ofrecemos las canciones que les gustaban y los bailes que fueron parte de sus vidas".

En el homenaje a los muertos, la música en los cementerios es muy importante. Si al señor le gustaba, le llevan los huapangueros hasta su tumba. Si tocaba el violín o la guitarra, le ponen el instrumento y una grabadora para que escuche su música.

En la Huasteca los hombres bailan la música ejecutada en violín, huapanguera y jarana. Existen infinidad de danzas, algunas ya desaparecidas, otras que todavía sobreviven. El profesor Mario Bustos, especializado en la investigación de danzas en la Huasteca menciona que en esta fecha especial de *Xantolo* se puede admirar la danza de los Cuanegros que también se llama la danza de los Negritos; la de los Viejos, llamada la danza de los Coles o los Disfrazados; la de los Tecomates; la de los Matlachines y la de los Comanches. "De hecho estas danzas son las más tradicionales, las más vistas. Obviamente, cada municipio tiene una muy propia".

La danza de los Cuanegros representa la disputa de la Malinche por un español contra un negro, transportado del África como esclavo en la época de la Colonia. La mujer indígena es representada por el que baila como

cance of the visit to the cemetery. "Rather than being a sad event, it is an act of joy for our people because they are visiting and sharing with their loved ones. At that moment we feel them alive, we feel that they are eating with us while listening to the songs they liked and enjoying the dances that were part of their lives."

In homage to the dead, the music at the cemetery is very important. If the person used to like *huapangos*, then *Huapangueros* are taken to the tomb to play. If they played the violin or the guitar, the instrument and a tape recorder with their music is placed on their tomb.

In the Huasteca, men dance to music played by violin, *huapanguera* and *jarana*. There are an infinite number of dances, some have already fallen from tradition, and others are still in use. Professor Mario Bustos' research, whose focus is on dances in the Huasteca mentions that "on this special date of *Xantolo*, many dances can be admired: the dance of the *Cuanegros*, also called the Dance of Black Men; the dance of the Old Men, called dance of the *Coles*, or the *Disfrazados* (Costumed Ones), the dance of *Tecomates*, the *Matlachines* and the *Comanches*. In fact these dances are the most traditional and most often performed. Obviously, each municipality has their own dance."

The dance of the *Cuanegros* represents the dispute for *Malinche* (an indigenous woman), between a Spaniard and a black slave transported from Africa during the

mujer y el de la máscara blanca representa al español. Entre las dos culturas, la negra y la española, se disputan la indígena.

También se encuentran en los diferentes pueblos algunas cuadrillas de danzantes con la ropa que en vida usaba el difunto. A esos disfrazados se les llama Coles, Chiquieleguas, Huehuetinos. Estas cuadrillas de danzantes varones bailan en las casas donde las solicitan. El capitán de la cuadrilla se adelanta a preguntar "¿hay trabajo?", si el dueño de la vivienda contesta que sí, los danzantes llamados Viejos bailarán en el hogar a cambio de una pequeña paga, dinero que utilizarán para hacer una gran fiesta el día de San Andrés que es el destape de los disfrazados.

Existe la creencia, donde se acostumbra esta danza, que son difuntos los que bailan en un "disfrazado", lo que representa a la vida venciendo la muerte. No todos los municipios tienen la costumbre del baile de los disfrazados dentro de la celebración de *Xantolo*. En esos municipios sólo participan los disfrazados durante la celebración del carnaval.

Junto al altar en Huazalingo, como un elemento nuevo en su arreglo, colocan un monigote hecho de trapo que representa al jefe de los disfrazados, a la espera de que la música empiece para bailar.

colonial period. The indigenous woman is represented by a man who dances while dressed like a woman. The dancer wearing a white mask represents the Spaniard. The two cultures, the Black and the Spanish, fight for the indigenous woman.

In some of the towns there are groups of dancers who wear the clothes that had belonged to the deceased. These people in costume are called *Coles*, *Chiquieleguas*, and *Huehuetinos*. These groups of male celebrants dance in the homes where they are requested. The head of the group goes first and asks, "Is there any work?" If the homeowner answers "Yes!", then they dance at that home for a small fee. They use this money to throw a big party on *San Andres* Day, the day when the costumes come off.

There is the belief that those dancing in "costume" are the deceased, a custom which represents life overcoming death. Not every municipality practices this dance for the *Xantolo* celebration. Some municipalities have them participate only during Carnival. In Huazalingo, as a new element, a rag doll is placed by the altar. This represents the leader of the dancers in costume, awaiting the music to begin.

In other towns, some men wear women's clothes and others just wear masks. The young adults and

Los señores de los diferentes pueblos, cada quien en su barrio, se disfrazan con ropa de mujer y otros con máscaras. También participan los jóvenes y niños. Los viejos antes se disfrazaban con la ropa de los fallecidos, pero en la actualidad no lo hacen. Sin embargo, con la ropa estrafalaria que visten muchos, llevan en el antebrazo izquierdo una ardilla disecada, que en la época prehispánica representaba la muerte. Los disfrazados se llaman Coles en Orizatlán, se denominan Chiquileguas en Jaltocán, Huehues por la zona de Yahualica y les dicen los Disfrazados en Huejutla.

Para formar las parejas, a algunos les toca disfrazarse de mujer poniéndose un pañuelo en la cara, ya que el hombre usa máscara, generalmente de madera. Los que danzan como mujer lo hacen como un servicio a la comunidad, no se trata de un juego. Los jóvenes tienen que bailar cuatro años seguidos para así conseguir una parcela de terreno en su comunidad. Si dejan de hacerlo por un año, les aumentan a siete la obligación y si no bailan por cualquier pretexto en esos siete años, el día que mueren les ponen una máscara si les tocó bailar como hombres o un vestido al lado si les tocó como mujer. Es la costumbre la que obliga, ya que la mujer está vedada de participar en las danzas. Incluso en la atención a los invitados, es el hombre quien sirve la comida a sus invitados.

Y así con la música, danzas, arcos, ofrendas, sahumerios y velaciones, en la que todos participan, se corrobora el concepto que no es un tiempo de penas y lamentos sino de recordación y de comunicación con los seres queridos vivos y muertos. Es una forma de establecer lazos invisibles que también cruzan generaciones uniendo a padres e hijos, tíos y sobrinos. Por ello, *Xantolo* se vive con el corazón y se enriquece, año a año, con las creencias ancestrales en las que se apoyan los habitantes de la Huasteca Hidalguense.

children also participate. In the past, the elders used the clothes of the deceased as costumes, but this is no longer done. However, with the outlandish clothes that some wear, some carry on their left forearm, a mummified squirrel, which in pre-Hispanic times symbolized death. People wearing costumes are called *Coles* in Orizatlan, *Chiquileguas* in Jaltocan, *Huehues* in the Yahualica area; and the "costumed ones" in Huejutla.

In order to form couples, some men must dress up in women's clothes using a handkerchief on their face. The other men use a mask, usually made out of wood. Those who dance as women do it as a service to the community and not as a joke. Young people must dance four consecutive years in order to get a piece of land in their community. If they stop dancing for a year, seven years are added to fulfill their obligation. If, for whatever reason, they stop dancing within those seven years, on the day of their death a mask is placed on them, if they danced as a man, or a dress is placed next to them if they danced as a woman. It is a tradition that compels, due to the fact that women are prohibited from participating in the dances. As a matter of fact, it is the men who serve the food to the guests.

It is with music, dances, arches, offerings, incense and vigils, that everyone participates. This reinforces the concept that this is not a time of sorrow and grief, but a time of remembrance and communication with loved ones who are living and dead. It is a way of establishing invisible ties that move across generations of fathers and sons, uncles and nephews. With the ancestral beliefs in which the residents of the *Huasteca Hidalguense* rely on, *Xantolo* lives on in the heart, and is enriched every year.

Refranes acerca de la muerte

PROVERBS ABOUT DEATH

- Pretextos quiere la muerte para llevarse al enfermo.

- Uno pone, Dios dispone, llega la Catrina y todo lo descompone.

- Muerto el perro se caba la rabia.

- Sólo los guajolotes mueren la víspera.

- Achaques no tengas, muerte no vengas.

- Muerto en vida.

- Cuando el tecolote canta el indio muere.

- Muerto el ahijado, se acaba el compadrazgo.

- El mundo se acaba pal' que se muere.

- Nadie muere en la víspera.

- Al fin que para morir hemos nacido.

- Hay muertos que no hacen ruido y son mayores sus penas.

- Muerto el perico, para qué quiero la jaula.

- Más vale que digan: aquí corrió, que aquí quedó (muerto).

- Pobre del que muere, si al cielo no va.

- Al vivo todo le falta, al muerto todo le sobra.

- Muerto está el ausente y vivo el presente.

- Death gives no excuses.

- One decides, God provides, death arrives and everything dies.

- A dead dog does not bite.

- Only the turkey dies in the evening.

- Don't complain of ailments, death doesn't come.

- The living dead.

- When the owl sings, an Indian dies.

- With the death of a godchild, the godparents are gone.

- The world ends for those who die.

- No one dies before his time.

- After all, we were born to die.

- There are those who have died in silence although they died with greater sorrows.

- Dead parrot, useless cage.

- Better to say he lived here, than to say he died here.

- Pity the one who dies and heaven is not their destination.

- The living doesn't have enough, the dead has too much.

- Long absent, soon forgotten.

- Pa' todo hay remedio, menos pa' la muerte.

- Sólo la muerte es ausencia.

- De aquí a cien años, todos seremos calvos.

- Matrimonio y mortaja del cielo baja.

- Hijo de anciano, huérfano temprano.

- Ya ni en la paz de los sepulcros creo.

- Al cabo la muerte es flaca y no ha de poder conmigo.

- Sólo el que carga el cajón sabe lo que pesa el muerto.

- Ni buscar la muerte es valentía, ni huirla cobardía.

- Mala hierba nunca muere, y si muere ni hacía falta.

- De borrachos y tragones están llenos los panteones.

- La muerte suele no avisar; cuando menos lo piensas, ahí está.

- No le pido pan al hambre, ni chocolate a la muerte.

- Vámonos muriendo todos, que están enterrando de gorra.

- There is a remedy for all things but death.

- Only death is absence.

- 100 years from now we will all be "bald."

- Marriage and shrouds are made in heaven.

- Son of an elder, premature orphan.

- The everlasting peace of burial doesn't exist.

- After all death is skinny and weak, she won't be able to take me.

- Only those who carry the coffin feel the weight of the dead.

- Courage is not to dare death, nor cowardice to run from it.

- A bad seed never dies, and if it dies it is never missed.

- The cemeteries are full of gluttons and drunks.

- Death never calls ahead; when you least expect her, she's there.

- I don't ask for bread out of hunger, nor death for hot chocolate.

- Let's all die since they are burying freeloaders.

(Note: It is difficult to maintain the humor and at times, the meaning of the sayings after translation.)

Recetas
RECIPES

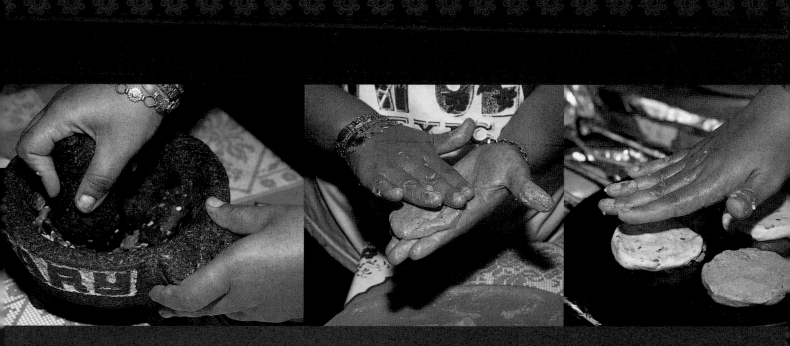

RECETAS PARA LAS OFRENDAS DE LOS ARCOS EN LA HUASTECA POTOSINA

RECETA DEL *PATLACHE*
Masa de maíz

Se bate la masa con manteca de puerco o vegetal, añadiéndole sal y chile rojo que previamente se ha molido.

La masa tiene que quedar espesa, una vez que llega a este punto se la extiende sobre hojas de plátano, agregándole carne de pollo y se cuece en hornos de tierra con leña.

RECIPES FOR THE OFFERINGS OF THE ARCHES IN THE *HUASTECA POTOSINA*

PATLACHE RECIPE
Corn flour dough (masa)

Mix the dough with pork or vegetable lard, adding salt and red chile which has been previously ground. The dough must be of a thick consistency. Once this is achieved, it is spread evenly onto banana leaves. Add some chicken and cook it in a ground pit covered with wood.

PASTELITOS

Ingredientes:
- 1 kilo de harina
- 1/2 kilo de manteca
- Sal
- Queso seco
- Azúcar
- Canela molida

Preparación:

Se cierne la harina en un colador y luego se le pone la manteca, se revuelve muy bien y se le va agregando un poquito de agua con una pizca de sal, hasta que quede la masa blandita.

Se deja reposar por una hora, tapada con un lienzo.

Se prepara el relleno con queso seco, azúcar y canela molida.

Se extiende la masa sobre una tabla de madera, se hace una ruedita, se pone el relleno y se doblan.

Se colocan en una hoja de lata sin grasa y se meten en el horno precalentado por 15 minutos, en una temperatura de 250 grados.

Cuando se sacan del horno los pastelitos se revuelcan en azúcar y canela molida.

LITTLE CAKES OR PASTRIES

Ingredients:
- 2 lbs. flour
- 1 lb. lard
- Dry cheese
- Sugar
- Ground cinnamon

Preparation:

Sift the flour and add lard. Mixing well, gradually add water and a dash of salt. Mix until the dough is soft.

Let it rest for one hour, covered with a towel.

Prepare the filling with dry cheese, sugar and ground cinnamon.

On a cutting board, roll out the dough into small round shaped pieces, add filling and fold.

Place on an ungreased baking sheet in a 250 degrees, preheated oven, for 15 minutes.

Once cooked, take out the little cakes and dust with sugar and ground cinnamon.

RECETAS PARA LAS OFRENDAS DE LOS ARCOS EN LA *HUASTECA HIDALGUENSE*

BOCOLES
(RECETA DE LA SRA. CARIDAD SIERRA)

Ingredientes:
- Masa de maíz
- Sal
- Manteca
- Chile verde
- Frijol
- Cilantro

La cantidad se pone de acuerdo al número de personas a quienes se va a servir.

Preparación:

Se mezclan los ingredientes y se forman tortillitas. Se colocan en el comal a cocer a fuego lento para que no se quemen. Una vez cocidas se le agrega salsa mexicana hecha en molcajete, que lleva tomate verde, chile crudo, cilantro, cebolla picadita y aguacate picado.

PAN DE QUESO

Ingredientes:
- 3 kilos de harina
- 3/4 de kilo de azúcar
- 1/2 kilo de manteca
- 10 huevos
- 1 queso blanco
- levadura de barra

Preparación:

Se bate la levadura con un poquito de harina hasta que la levadura se deshace revolviéndola después con toda la harina. Se le agregan todos los ingredientes adicionales. Se deja reposar la masa por una hora, luego se le da la forma de panes y después se pone a cocer en el horno a 250 grados. Conforme se va dorando el pan se pone la temperatura a 200 grados.

RECIPES OF THE OFFERINGS OF THE ARCHES IN THE *HUASTECA HIDALGUENSE*

BOCOLES
(RECIPE BY MRS. CARIDAD SIERRA)

Ingredients:
- Corn flour dough (masa)
- Salt
- Lard
- Green chile sauce
- Beans
- Cilantro

Use the amount needed according to the number of people being served.

Preparation:

Mix all ingredients and form small tortillas. Place on a *comal* (griddle) over low heat to avoid burning. Once cooked, add Mexican *salsa* made in the *molcajete* (stone grinder). This *salsa* includes fresh green tomatoes, chile peppers, cilantro, minced onion and avocado cut into pieces.

CHEESE BREAD

Ingredients:
- 6 lbs. flour
- 1 lb. sugar
- 1lb. lard
- 10 eggs
- White cheese
- Brewer's yeast

Preparation:

Mix yeast with a little flour until the yeast breaks apart. Then incorporate this mixture to the rest of the flour. Add the remaining ingredients and let the dough sit for one hour. Shape it into loaves and cook in an oven at 250 degrees. As the bread begins to brown, lower the temperature to 200 degrees.

TAMALES TRADICIONALES DE HUEJUTLA

Hay varias clases de tamales que se preparan en Huejutla durante los días de *Xantolo*. El 31 de octubre se hace tamal de ajonjolí con frijol de vaina, cilantro picadito y chile de color. Como es día de los angelitos este tamal es el apropiado para ellos, porque no es picante.

Para recibir el alma de los adultos se preparan tamales de ajonjolí con ejotes, calabaza y carne de puerco. Sin embargo, los verdaderos tamales de *Xantolo* son los preparados con carne de puerco o de pollo, con frijol *caxtilan* o carne de puerco con ajonjolí y frijol *kuajetl*.

El primero de noviembre cuando se recibe el alma de los adultos se prepara comida roja, por ejemplo un mole. Por la noche se preparan los tamales rojos y al tercer día se hacen tamales de picadillo

TAMALES DE PICADILLO

Ingredientes:
- 6 tomates grandes picados
- 2 cebollas picadas
- 2 chiles verdes picados
- 3 chiles chinos
- 1 pechuga de pollo
- 1/2 kg. de carne de puerco
- 2 pimientas
- 2 clavos
- 4 dientes de ajo chicos
- 1/2 kg. de zanahoria
- 1 taza de chícharos
- 2 kg. de masa
- 1/2 kg. de manteca de puerco
- Varios paquetes de hojas de plátano

Preparación:

Se pone a cocinar la carne de pollo y puerco. En un recipiente se fríe el tomate, el chile verde y la cebolla; aparte se remojan en agua caliente los chiles chinos ya desvenados. Después de diez minutos se mezclan con el ajo, pimientas y clavos. Cuando ya está frito el tomate, el chile y la cebolla se agrega lo que se ha mezclado a mano (previamente colado), se deja freír y posteriormente se le pone el caldo de la carne, dejando un poquito para preparar la masa.

Se agrega la zanahoria ya cocida y picada en cuadritos, así como el chícharo y la carne deshebrada, agregándole sal al gusto.

TRADITIONAL TAMALES OF HUEJUTLA

There are several types of *tamales* that are prepared in Huejutla during the days of *Xantolo*. On October 31st the *tamale* is prepared with sesame seeds, green beans, cilantro and *chile* that gives color to the masa. Since it is the Day of the Little Angels this *tamale* is appropriate because it is not spicy. To receive the souls of the adults they prepare the sesame seed *tamales* with corn, squash and pork meat. However the actual *Xantolo tamales* are the ones made with pork or chicken meat and *caxtilan* beans; or with pork meat with sesame seeds and *kuajetl* beans. On the day that the souls of the adults are welcomed, which is November 1st, the red foods are prepared, for example *mole*. In the evening the red *tamales* are prepared, and on the third day the *picadillo* (ground meat) *tamales*.

PICADILLO *TAMALES*

Ingredients:
- 6 large tomatoes
- 2 chopped onions
- 2 chopped green chiles
- 3 *chiles chinos*
- 1 breast of chicken
- 1 lb. pork meat
- 2 whole peppercorns
- 2 cloves
- 4 small garlic cloves
- I lb carrots
- 1 cup peas
- 4 lbs. *masa* (corn dough)
- 1 lb. pork lard
- Several packages of banana leaves

Preparation:

Cook the chicken and pork. In a separate pan, fry the tomatoes, green chiles and onions.

De-vein the chiles chinos and soak them in hot water. After ten minutes mix the chiles chinos with the garlic, pepper and cloves. Once the tomatoes, chiles and onions have been fried, strain and add the mixed ingredients. Continue cooking. Add the meat soup, saving a small amount to use in the *masa*. Afterwards add the cooked and cubed carrots, the peas and shredded meat. Salt to taste.

La masa se prepara mezclándola con un poco de caldo, poniéndole poco a poco la manteca y la sal.

Se pone la masa condimentada en las hojas de plátano, envolviéndolas bien y se cocinan en una vaporera durante 30 minutos.

Nota:

El profesor Ildefonso Maya comenta que en la preparación de las ofrendas "no se usa nada enlatado, ni se muelen los ingredientes en licuadoras. Sería una ofensa a las ánimas, pues equivaldría a licuar los huesos de los muertos"

The dough is prepared by adding some of the soup from the meat, gradually adding the fat and salt.

The dough is then thinly spread on banana leaves, tightly wrapped and steamed for 30 minutes.

Note:

Professor Ildefonso Maya comments about the preparation of the offerings. "None of the ingredients should come from a can and a blender should never be used. It would be very offensive to the souls, considering it would mean the crushing of their bones in a blender."

FOTOGRAFÍAS

PORTADA

Fondo de la portada: Campos sembrados de *cempasúchitl*, a un costado de la carretera rumbo a la Huasteca Hidalguense.

Centro: Nativo de Huamantla, Tlaxcala, lleva flores de *cempasúchitl* a su hogar.

CONTRA PORTADA:

Superior derecha: Delegación de danzantes de la región Huasteca de San Luis Potosí.

Superior izquierda: Danzantes. Huautla, Hidalgo.

Centro izquierda: Velación en el cementerio. San Gabriel Chilac, Puebla.

Inferior izquierda: Mujer tének, doña Fausta Concepción Nava. Tamazunchale, San Luis Potosí.

PÁGINAS 4 Y 5: Chiles de venta en el mercado grande. Huejutla de Reyes, Hidalgo.

PÁGINA 6: Músicos. Jaltocán, Hidalgo.

PÁGINA 7:
Izquierda: Bailarines Tehuanes. Cementerio de Acatlán de Osorio, Puebla.
Derecha: Paisaje de la Huasteca Hidalguense.

PÁGINA 8: Intérprete de la danza de los Cuanegros. Huautla, Hidalgo.

PÁGINA 9: Miembro de una delegación de danzantes. Tamazunchale, San Luis Potosí.

PÁGINA 10: Bailarines de la danza de los Cuanegros. Huautla, Hidalgo.

PÁGINA 11: Danzantes honrando la celebración *Xantolo*. Huautla, Hidalgo.

PÁGINA 12: Niño huasteco observa las danzas de *Xantolo*. Jaltocán, Hidalgo.

PÁGINA 13: Miembro de una banda de viento. Jaltocán, Hidalgo.

PÁGINA 14: Danzante espera su turno para participar. Huautla, Hidalgo.

PÁGINA 15: Grupo de los danzantes Enmascarados realizan un ritual. Cementerio de Huautla, Hidalgo.

PHOTOGRAPHS

COVER

Background of the cover: A field of *cempasuchitl* flowers along the road to the *Huasteca Hidalguense*.

Center: Native of Huamantla, Tlaxcala carrying *cempasuchitl* flowers home.

BACK COVER

Top right: Delegation of dancers from different towns of the *Huasteca Potosina*.
Top left: Dancers. Huautla, Hidalgo.
Center left: Vigil. Cemetery of San Gabriel Chilac. Puebla.
Lower left: Tenek woman, Fausta Concepcion Nava. Tamazunchale, San Luis Potosi.

PAGES 4 AND 5: Chiles. *Tianguis* in Huejutla de Reyes, Hidalgo.

PAGE 6: Musicians. Jaltocan, Hidalgo.

PAGE 7
Left: Tehuanes dancers. Cemetery of Acatlan de Osorio, Puebla.
Right: Landscape of the *Huasteca Hidalguense*.

PAGE 8: Dance of the *Cuanegros*. Huautla, Hidalgo.

PAGE 9: Member of a dancers' delegation, *Xantolo* Festival. Tamazunchale, San Luis Potosi.

PAGE 10: The *Cuanegros* dance. Huautla, Hidalgo.

PAGE 11: Dancers honoring the *Xantolo* celebration. Huautla, Hidalgo.

PAGE 12: A Huasteco child watches the dancers. Jaltocan, Hidalgo.

PAGE 13: Member of a *banda de viento*. Jaltocan, Hidalgo.

PAGE 14: Dancer waiting his turn to participate. Huautla, Hidalgo.

PAGE 15: Masked dancers in cemetery rituals. Huautla, Hidalgo.

PÁGINA 16: Pequeños participantes del festival de danzas en conmemoración de *Xantolo*. Tamazunchale, San Luis Potosí.

PÁGINA 18: Edificio de Gobierno. Puebla, Puebla.

PÁGINA 19:
Izquierda: Participantes del desfile conmemorativo de la Batalla del Cinco de Mayo. Puebla.
Centro: Desfile del Cinco de Mayo. Puebla.
Derecha: Bailarines Tehuanes. Acatlán de Osorio, Puebla.

PÁGINA 20: Catedral de Puebla.

PÁGINAS 22 Y 23: Dos estilos de altares. Puebla, Puebla.

PÁGINA 24: A un costado de la carretera, un niño espera con el féretro para su hermanito. Carretera que lleva a Cuetzalan, Puebla.

PÁGINA 26: Mujer nahua sentada junto a su altar. Cuetzalan, Puebla.

PÁGINA 27: Altar. San Miguel Zignacapan, Puebla.

PÁGINA 29: Convivencia familiar. Cementerio de San Gabriel Chilac, Puebla.

PÁGINA 30:
Superior: Cruces recién pintadas se alinean a la entrada del cementerio. San Gabriel Chilac, Puebla.
Inferior: Vigilia diurna. Cementerio de San Gabriel Chilac, Puebla.

PÁGINA 31: Cargada de ofrendas. Cementerio de San Gabriel Chilac, Puebla.

PÁGINAS 32, 33, 34, 35 Y 37: Imágenes de la velación. Cementerio de San Gabriel Chilac, Puebla.

PÁGINAS 39 Y 40: Altares monumentales. Huaquechula, Puebla.

PÁGINA 42: Pequeños danzantes tehuanes ofrendan una corona en la tumba de un compañerito. Acatlán de Osorio, Puebla.

PÁGINA 43: Altar tradicional. Yazacatlán de Bravo, Puebla.

PAGE 16: Children participating in the *Xantolo* Festival. Tamazunchale, San Luis Potosi.

PAGE 18: Government building. Puebla, Puebla.

PAGE 19
Left: Parade commemorating the Cinco de Mayo Battle. Puebla, Puebla.
Center: Cinco de Mayo parade, Puebla.
Right: Tehuanes dancers, Acatlan de Osorio, Puebla.

PAGE 20: Puebla's cathedral.

PAGES 22 AND 23: Two styles of altars. Puebla, Puebla

PAGE 24: A young boy waits with a coffin for his little brother. Road leading to Cuetzalan, Puebla.

PAGE 26: Nahuatl woman sitting by her family altar. Cuetzalan, Puebla.

PAGE 27: Altar. San Miguel Zignacapan, Puebla.

PAGE 29: Sharing a light moment with family members. Cemetery of San Gabriel Chilac, Puebla.

PAGE 30
Top: Freshly painted crosses by the entrance of the cemetery of San Gabriel Chilac, Puebla.
Lower: Vigil. Cemetery of San Gabriel Chilac, Puebla.

PAGE 31: Carrying offerings. Cemetery of San Gabriel Chilac, Puebla.

PAGES 32, 33, 34, 35 AND 37: Images of the vigil. Cemetery of San Gabriel Chilac, Puebla.

PAGES 39 AND 40: Monumental altars. Huaquechula, Puebla.

PAGE 42: Young *Tehuanes* dancers honoring the memory of a little friend. Cemetery of Acatlan de Osorio, Puebla.

PAGE 43: Traditional altar. Yazacatlan de Bravo, Puebla.

PÁGINA 80: Madre e hija, Juana María Cantú Hernández y Carmen Martínez Martínez, lucen su traje tradicional. Tamazunchale, San Luis Potosi.

PÁGINA 81: Arco hecho con hojas de limonaria y *cempasúchitl* a la entrada de la iglesia. Huexco, Tampacán, San Luis Potosí.

PÁGINA 82: Arco con ofrenda en la casa del Sr. Cándido Pozos Hernández. Barrio Ortega, Aztla de Terrazas, San Luis Potosí.

PÁGINA 84: Doña Gloria Santos Martínez prepara el horno, para cocinar por varias horas el *zacahuil*. Tamazunchale, San Luis Potosí.

PÁGINA 85: Seleccionando los envoltorios de copal. Tamazunchale, San Luis Potosí.

PÁGINA 86: Ofrenda tének. Los Pinos, en la Huasteca Potosina.

PÁGINA 87: María de la Paz Cruz corta las flores en la huerta de su casa. La Ceiba, Tampacán, San Luis Potosí.

PÁGINA 88: Cándido Pozos Hernández comparte la ofrenda. Barrio Ortega, Axtla de Terrazas, San Luis Potosí.

PÁGINA 89: Música ritual tének. Cementerio de Los Pinos, Tamazunchale, San Luis Potosí.

PÁGINA 90: María Bautista Vásquez coloca las velas alrededor de una tumba. Cementerio de Los Pinos, San Luis Potosí.

PÁGINA 91: Secundina Méndez Antonio bendice el arco de su casa. El Ranchito, Tamazunchale, San Luis Potosí.

PÁGINA 92: Entregados en la interpretación de la música ritual de la temporada. Los Pinos, San Luis Potosí.

PÁGINA 93, 94 y 95: Velación y danzas. Cementerio de Chalchocoyos, San Luis Potosí.

PÁGINA 96: Vista de Tlanchinol, rumbo a la Huasteca Hidalguense.

PAGE 80: Mother and daughter, Juana Maria Cantu Hernandez and Carmen Martinez Martinez wear their traditional dress. Tamazunchale, San Luis Potosi.

PAGE 81: Arch decorated with *limonaria* leaves and *cempasuchitl* flowers at the entrance of the church. Huexco, Tampacan, San Luis Potosi.

PAGE 82: Arch with offering in the house of Candido Pozos Hernandez. Barrio Ortega, Axtla de Terrazas, San Luis Potosi.

PAGE 84: Gloria Santos Martinez prepares the oven to cook the huge *zacahuil* for several hours. Tamazunchale, San Luis Potosi.

PAGE 85: Selecting the packages of *copal*. Tamazunchale, San Luis Potosi.

PAGE 86: Tenek offering. Los Pinos, *Huasteca Potosina*.

PAGE 87: Maria de la Paz Cruz cuts *cempasuchitl* flowers. La Ceiba, Tampacan, San Luis Potosi.

PAGE 88: Candido Pozos Hernandez shares the *ofrenda*. Barrio Ortega, Axtla de Terrazas, San Luis Potosi.

PAGE 89: Tenek musical offering. Cemetery of Los Pinos, *Huasteca Potosina*.

PAGE 90: Maria Bautista Vasquez places memorial candles. Cemetery of Los Pinos, *Huasteca Potosina*.

PAGE 91: Secundina Mendez Antonio blesses the arch in her home. El Ranchito, Tamazunchale, San Luis Potosi.

PAGE 92: Tenek ritual music with harp and *ravel*. Cemetery of Los Pinos, *Huasteca Potosina*.

PAGE 93, 94 AND 95: Vigil and dances. Cemetery of Chalchocoyos, San Luis Potosi.

PAGE 96: View of Tlanchinol, going to the *Huasteca Hidalguense*.

Nuevamente, en fotografías y detalles vívidos, Mary J. Andrade une elementos a través del tiempo y el espacio. Cuando se observa una ofrenda mexicana, encontramos historia, religión, mitología y otras tonalidades del espectro de esta cultura. Visualice el Día de la Independencia, el Día de Recordación y el Día de Gracias envueltos en una tortilla — eso sería una aproximación del Día de Muertos. Calaveras sonrientes y esqueletos esperan con anticipación una celebración alegre con los espíritus vivientes y las almas ancestrales. La colección de fotografías en A través de los Ojos del Alma, Día de Muertos en México resulta en una fuente de inspiración para los altaristas del mañana.

Once again, through photographs and vivid details, Mary J. Andrade unites elements across space and time. When observing a Mexican ofrenda, one encounters history, religion, mythology and other hues of this cultural spectrum. Envision Independence Day, Memorial Day, and Thanksgiving all rolled up in one tortilla —that's an approximation of the Day of the Dead. Smiling skulls and bony skeletons wait in anticipation for a lively celebration with living spirits and their ancestral souls. The compilation of photographs in Through the Eyes of the Soul, Day of the Dead in Mexico *results in a wellspring of inspiration for tomorrow's altaristas.*

Bobbi Salinas
— Author, Illustrator and Publisher.

La poesía de Julie Sopetrán es una poesía femenina y hasta cierto punto feminista. Está siempre atenta al especial sonido y significado de las palabras indígenas y es un canto a las viejas tradiciones y la seriedad indígena. Su poesía alterna con el sentido transcendente de la fiesta y con las canciones populares de letrillas y romances, en apariencia contraditorios con el Día de Difuntos. Julie Sopetrán ha logrado con su poesía darnos una visión profunda, llena de color de uno de los ritos más mexicanos y más universal, igualmente conseguido en la fotografía de Mary J. Andrade.

The poetry of Julie Sopetran is of a feminine quality and to a certain degree feminist. She is in tune with the sounds and flavors of the indigenous words. Her poems are a song of praise to old traditions and indigenous character. Her poetry interacts with the transcendental meaning of the celebration as it does with the lyrics of songs, which seemingly contradict the Day of the Dead. Julie Sopetran has managed to offer us a profound vision of one of the most universal Mexican rituals in full color, as is also shown in the photography of Mary Andrade.

Manuel Criado del Val
— Writer and Research Professor for the
High Council of Scientific Research. Madrid, Spain

Mary J. Andrade nos invita a presenciar la variedad de rituales de varias comunidades mexicanas, para quienes la vida y la muerte es una sola realidad. A través de sus excelentes fotografías a color, descripciones detalladas e informativas y entrevistas personales con maestros y autoridades indígenas, vemos, escuchamos y aprendemos acerca de los ritos, leyendas y costumbres de una variedad de grupos indígenas que celebran el Día de Muertos. La autora nos lleva a profundizar en la experiencia regocijante del poder de afirmar la vida, que tienen dichas comunidades al celebrar la comunión espiritual de la vida y la muerte.

Mary J. Andrade, invites us to witness directly the range of rituals and shared life of various Mexican Indian communities for whom life and death are one. Through her magnificent color photographs, detailed and informative descriptions and personal interviews with scholars, and local indigenous authorities, we see, hear, and learn about the diverse rituals, legends, and customs of a variety of indigenous groups celebrating the Day of the Dead. The author takes us there and draws us in to experience the exhilarating and life-affirming power of the indigenous communities as they celebrate the spiritual communion of life with death.

Francisco Jimenez, Ph. D.
— Fay Boyle Professor of Modern Languages
and Literature and Director of Ethnic Studies
at Santa Clara University